Garleff/ Grande/ Steinbrecher

Von einem Jahr zum andern

AF220800

Gunnar Garleff

Sandra Grande

Martina Steinbrecher

Von einem Jahr zum andern

Ein biblischer Wegbegleiter

Bibliografische Information der Deutschen Nationalbibliothek: Die Deutsche Nationalbibliothek verzeichnet diese Publikation in der Deutschen Nationalbibliografie; detaillierte bibliografische Daten sind im Internet über dnb.dnb.de abrufbar.

Herstellung und Verlag:

BoD – Books on Demand, Norderstedt

ISBN: 978-3-7526-4134-9

Vorwort

Der Titel des vorliegenden Büchleins stammt aus einem Neujahrslied von Paul Gerhardt:

Wir gehn dahin und wandern von einem Jahr zum andern, wir leben und gedeihen vom alten bis zum neuen.

Darin ist beides festgehalten: Der immer wiederkehrende Kreislauf der Jahreszeiten und der Lebensweg, der sich vom Anfang bis zum Ende wie eine Linie durch dieses Kreisen zieht.

An Geburtstagen wird das Zusammenspiel von vergehender Zeit und wiederkehrenden Zeitpunkten oft besonders deutlich empfunden. Die Jahre kommen und gehen. Und wir werden älter. Unser Buch ist deshalb als Geburtstagsgeschenk entstanden.

Den einzelnen Geburtstagsmonaten haben wir Impulse zu biblischen Texten zugeordnet, die uns persönlich oder im Zusammenhang mit Festzeiten des Kirchenjahres bewegt haben. Die Zugänge und Auslegungen sind dabei so unterschiedlich wie die Autorinnen und der Autor.

Gemeinsam ist uns dreien aber die Freude am Lesen und Schreiben und die Begeisterung für Vielfalt und Fülle der biblischen Botschaft. Die Fotos von Sandra Grande haben am Ende fast wie von selbst ihren Weg zu den einzelnen Kapiteln gefunden.

Viel Glück und viel Segen auf der vorliegenden Reise durch das Jahr wünschen Ihnen

Dr. Gunnar Garleff,
Pfarrer der Handschuhsheimer Friedensgemeinde

Dr. Sandra Grande,
Vorsitzende der Heidelberger Stadtsynode

Martina Steinbrecher,
Pfarrerin der Handschuhsheimer Friedensgemeinde

Januar

Viele sagen:
"Wer wird uns Gutes sehen lassen?"
HERR, lass leuchten über uns
das Licht deines Antlitzes!
Psalm 4,7

Noch mal von vorn

Denn siehe, ich will Neues schaffen,
jetzt wächst es auf,
erkennt ihr's denn nicht?
Ich mache einen Weg in der Wüste
und Wasserströme in der Einöde.

Jesaja 43,19

Gott fängt noch einmal von vorne an. Er liebt die Anfänge. Anfänge sind sozusagen seine Spezialität. Vor Zeiten hat er einmal angefangen und in sieben Tagen eine Welt erschaffen, scheinbar mühelos. Siehe, ich will ein Neues schaffen. Sprach's und es geschah so. Auf sein Wort hin traten Himmel und Erde, Höhen und Tiefen, Wasser und Wüsten, Fische, Vögel und Vieh aus dem Nichts ins Leben. Und der Mensch. Nun, er war ein junger Gott gewesen, wortgewaltig und voller Tatendrang, schaffte pausenlos und ruhte nur einen Tag von allen seinen Werken.

Gott fängt noch einmal von vorne an. Denn schon bald reut es ihn, dass er die Menschen gemacht hat auf Erden, und in jugendlichem Ungestüm schwemmt er hinweg, was er geschaffen hat. Macht tabula rasa mit seiner Welt. Siehe, ich will ein Neues schaffen. In einen wasserdichten Kasten aus Tannenholz pfercht er hinein, was er hinüber retten will in einen Neubeginn: Noah und die Seinen und von allen Tieren ein Paar. Im Licht des Regenbogens, der ihm nach der Sintflut aufgeht, gibt er den Überlebenden sein Wort, er werde hinfort die Erde nicht mehr vernichten um der Menschen willen. Seither dreht sie sich im Wechselspiel von Saat und Ernte, Frost und Hitze, Sommer und Winter, Tag und Nacht in seiner Hand. Manchmal spürt er jetzt ihre Schwere. Aber er wird kein Auge mehr zu tun. Siehe, der Hüter Israels schläft und schlummert nicht.

Gott fängt noch einmal von vorne an. Mit atemberaubenden Versprechungen lockt er Abraham und Sara in ein Land der Verheißung. Sterne und Sand weisen den Weg. Und Gott geht mit. Aus einem Dornbusch brennt er sich hinein in das Leben des Mose und wirft sich ins Meer, um die Fluten zu teilen für sein Volk, das immer größer wird an Zahl. Tut ihnen Wunder zulieb, ein Feuerschein und eine Wolke. Schließlich wird der unstete Gott sesshaft im Tempel zu Jerusalem, wohnt im Dunkel des Allerheiligsten, den der Himmel und aller Himmel Himmel nicht fassen, doch als die Mauern seines Heiligtums geschleift werden, lässt er sich vom Thron stoßen, geht mit seinen Menschen ins Exil, sitzt zwischen ihnen an den Flüssen von Babylon und weint, wenn er an Zion denkt. Seht, da ist euer Gott, erkennt ihr's denn nicht?

Gott fängt noch einmal von vorne an. Vorsichtiger ist er geworden. Siehe, ich will ein Neues schaffen. Er sagt es leise. Überfällt die Welt nicht mehr mit seinen kreativen Ausbrüchen. Hält die Gewalt seines Arms zurück. Legt sich stattdessen den Propheten in den Mund, die sich ihn fusselig reden, kleidet sich in Worte. Manche verhallen ungehört. Andere bleiben hängen, klingen in den Ohren, haken sich fest, und wer Ohren hat zu hören, der hört. Endlich geht einer mit Namen Johannes in die Wüste, dem Herrn den Weg zu bereiten, und das Volk strömt zum frischen Wasser des Jordan in die Einöde, um eingetaucht zu werden in ein neues Leben. O der Rufer in der Wüste, der Prophet des Herrn, der Zeigefinger Gottes. Machet Bahn, machet Bahn unserem Gott! Jetzt ist es Zeit. Höchste Zeit. Jetzt muss er kommen.

Gott fängt noch einmal von vorne an. Die Zeit ist reif. Er lässt sich Zeit. Mehr als sieben Tage Schöpfungsrausch. Länger als 40 Tage und 40 Nächte Wasser zum Kühlen des Zorns. Neun Monate diesmal. Siehe, ich will ein Neues schaffen. Die Worte werden Fleisch, nehmen Gestalt an. Gott gibt sich preis. Vertraut sich den Gesetzen der Schöpfung an, die er geschaffen hat, überlässt sich dem Werden.

Geht ein in den Kreislauf des Lebens, nimmt Wohnung in der Bauchhöhle einer Frau. Gott wird Mensch, befruchtete Zelle, ein Fötus, ein Embryo. Siehe, ich will ein Neues schaffen. Da wächst es auf, wächst in Maria der Jungfrau heran, schwellt ihr den Leib. Gott kommt zur Welt, die er geschaffen hat, durch Wehen herausgepresst ins Leben. Gott wie neu geboren.

Gott fängt noch einmal von vorne an. Mach mit. Fang heute an. Ganz von vorn. Geh mit Johannes in die Wüste, raus aus dem weihnachtlich glänzenden Wald, dorthin, wo nichts dich erinnert ans letzte Weihnachtsfest. Sprich: „Gott, du bist mein Gott, den ich suche. Es dürstet meine Seele nach dir, mein ganzer Mensch verlangt nach dir aus trockenem dürrem Land, wo kein Wasser ist." Lern die Sehnsucht von Anfang an. Geh mit Maria in dich. Entdecke die guten Hoffnungen, die in dir schlummern und geh schwanger mit Gottes Worten. Lass sie wachsen, gib ihnen Raum. Schenk dir Zeit. Lass dich nicht hetzen vom Countdown der vierundzwanzig Türchen. Friss keinen Adventskalender leer. Sprich: Siehe, Herr, ich bin ein leeres Gefäß, das wartet bis einer es fülle, dass es dankend überfließt.

Februar

Freut euch darüber,
dass eure Namen im Himmel
verzeichnet sind!
Lukas 10,20

Zachäus

Und er ging nach Jericho hinein und zog hindurch. Und siehe, da war ein Mann mit Namen Zachäus, der war ein Oberer der Zöllner und war reich. Und er begehrte, Jesus zu sehen, wer er wäre, und konnte es nicht wegen der Menge; denn er war klein von Gestalt. Und er lief voraus und stieg auf einen Maulbeerfeigenbaum, um ihn zu sehen; denn dort sollte er durchkommen. Und als Jesus an die Stelle kam, sah er auf und sprach zu ihm: Zachäus, steig eilend herunter; denn ich muss heute in deinem Haus einkehren. Und er stieg eilend herunter und nahm ihn auf mit Freuden.

Da sie das sahen, murrten sie alle und sprachen: Bei einem Sünder ist er eingekehrt. Zachäus aber trat herzu und sprach zu dem Herrn: Siehe, Herr, die Hälfte von meinem Besitz gebe ich den Armen, und wenn ich jemanden betrogen habe, so gebe ich es vierfach zurück. Jesus aber sprach zu ihm: Heute ist diesem Hause Heil widerfahren, denn auch er ist ein Sohn Abrahams. Denn der Menschensohn ist gekommen, zu suchen und selig zu machen, was verloren ist.

(Lukas 19,1-10)

Die Geschichte des Zachäus ist alltäglich, denn fast täglich begegnen mir Menschen, wie Zachäus: Menschen, die an der Seite stehen, Kinder auf den Schulhöfen, die nicht mitspielen dürfen – weil sie anders sind. Sie passen nicht ins Bild: Haben vielleicht nicht das richtige Handy, nicht die

richtigen Klamotten. Sie sind gerade nicht in, sind zu streb-
sam, sind nicht gut genug, sind zu arm, sind zu reich, oder
haben sich einfach durch ihr Verhalten ausgegrenzt, waren
zu laut, waren zu leise, waren zu ängstlich, haben geärgert,
geschlagen, geschrien, geklaut. Waren wieder einmal Sieger,
oder wie immer Verlierer. Kamen vielleicht auch nur zu
spät. Gründe ausgeschlossen zu sein, am Rand zu stehen,
gibt es viele.

Menschen, die am Rande stehen, in ihren eigenen Welten,
die nicht mehr am Diskurs beteiligt sind, dem Mainstream
nicht folgen, die ausgrenzen und ausgegrenzt sind, die ab-
grenzen wollen und von denen man sich abgrenzt, die has-
sen und sich nicht geliebt fühlen. Wir Menschen sind hart
und unbarmherzig, wenn einer nicht mit der Mehrheit mit-
macht. Wenn der dann etwas sagt, verdrehen alle die Augen
– nicht nur in der Schule ist das so, nicht nur unter Jugend-
lichen, nein, auch unter Erwachsenen erlebt man das, bis in
unsere Parlamente hinein. Dann wird nicht ernstgenom-
men, kaum noch zugehört, zurückgeschrien, dann heißt es
schnell: „Ach der schon wieder!" „Der ist ja eh nicht ganz
bei Trost, der hat ja eh immer etwas zu meckern, der hat
sich neulich mit denen getroffen, die anderer Meinung
sind."

Zachäus ist keine Figur allein der Bibel, nein, Zachäus ist eine allgegenwärtige menschliche Rolle. Gut, Zachäus macht es den Menschen auch nicht leicht, gewiss. Ein Zöllner in Diensten der Römer, Neid kommt auf über diesen gut bezahlten Job. Noch heute haben Finanzbeamte einen zweifelhaften Ruf, obwohl ich eigentlich nur nette kenne. Aber wenn es um die Steuer geht, dann kennen viele ja keinen Spaß. Zachäus macht es seinen Mitmenschen nicht leicht, ob er es will oder nicht – aber auch er lebt ja auch nur in seinen Abhängigkeiten – den äußeren und den inneren.

Und nun kommt Jesus in seine Stadt. Ein Hoffnungsträger für viele, gerade auch für jene, die arm sind, gerade auch für die Vielen im Volk. Zachäus muss von ihm gehört haben, jedenfalls ist er neugierig, und will ihn sehen. Aber er ist zu klein, und die Menschen lassen ihn nicht in die erste Reihe.

Zachäus Neugier aber ist groß, das unterscheidet ihn vielleicht doch von vielen Menschen heute, Zachäus will in die Welt der anderen sehen. Und Jesus kommt immer näher.

Ich stelle mir vor: der Papst kommt ins Frankfurter Gallus-Viertel zu den Armen und der Chef der Deutschen Bank kommt nicht in die erste Reihe und klettert auf einen Baum, um zu sehen und gesehen zu werden. Das wäre doch paradox und merkwürdig, auf Bäumen sitzen doch bei

Rockkonzerten und Fußballspielen immer die, die keine Karten haben, die nicht dazugehören, und sich trotzdem auf den Weg machen.

Zachäus weiß sich zu helfen, bevor etwas mit ihm geschieht, ist er aktiv und steigt auf den Baum – schon diese Aktion ist großartig: er verkriecht sich nicht, er wird nicht passiv, er pöbelt nicht, er sucht einen Weg. Er bleibt aktiv bemüht. Auf den Baum klettert der Zachäus, der sich mit seinem Sein nicht zufriedengibt, der nicht resigniert, sondern anders sehen will und anders gesehen werden will.

Und tatsächlich: das „Wunder" geschieht: Plötzlich ruft Jesus: „Zachäus!" Er ruft keine Steuernummer, er ruft nicht irgendwelche anderen Namen, er macht keine Vorhaltungen und stellt keine Bedingungen. Jesus ruft Zachäus. Komm runter, aber schnell, „ich muss in deinem Haus einkehren."

Jesus ruft Zachäus und dieser Ruf ist ein neuer Anfang. Scheinbar von langer Hand geplant, so als hätten die Lehrer*innen im Lehrerzimmer beratschlagt, wie man das Kind am Rand mal wieder integrieren kann. Jesus kennt Zachäus beim Namen und er ruft ihn beim Namen, denn er will zu ihm, ja es ist geradezu sein Auftrag.

Das Murren der Umstehenden ist allzu verständlich: „Immer der, jetzt kommt auch Jesus noch zu Zachäus." Koalition mit dem Falschen. Unglaublich – bei der Vorgeschichte und wir gehen wieder einmal leer aus.

Und schlimmer noch: Jesus sagt nichts zu Zachäus' Taten! Er sagt auch nicht, dass er sein Leben ändern soll, dass er erst noch etwas leisten muss. Jesus sagt nur: Komm eilend runter, ich muss in deinem Haus einkehren.

Wenn ich das richtig beobachte, ist dieser Jesus-Satz dann heute doch nicht so alltäglich. Jesus lädt sich einfach ein, ohne Bedingungen zu stellen. In unserer Mediengesellschaft, in der nichts vergessen wird, wäre der Skandal groß. Wer eine gute Gesellschaft ist, der muss entweder etwas Großes geleistet haben oder eine reine Weste haben. Zachäus hat nichts von beidem. In einem Wahlkampf wäre eine Begegnung mit dem Gauner aus der Oberschicht gefährlich. Es würde ausgeschlachtet, weil heute Menschen immer zuerst nach ihren Taten der Vergangenheit und Gegenwart bewertet werden. Unsere Mediengesellschaft kann nicht vergessen. Auch wenn manche gerne vergessen würden.

Nur allzu oft verlieren wir dabei den Menschen aus dem Blick, der mehr ist als seine Taten, der mehr ist als sein Status. Und das Register der Untaten des Zachäus ist lang, eine

Biographie voller Stolperfallen. Jesus aber schreckt nicht zurück. Nein, der reiche Zachäus auf dem Baum der Armen soll runterkommen, eilends, jetzt sofort, seine Zukunft beginnt jetzt.

Die anderen murren und empören sich. Sie sehen nur den Sünder. Aber Jesus lässt sich nicht abschrecken. Einer muss anfangen, die Mauer und Zäune der Menschen einzureißen. Zachäus! Komm runter! Komm auf den Boden der Tatsachen zurück. Dein Platz ist nicht auf dem Baum, sondern auf der Erde. Dieser Ruf, der Namensruf, ist bereits das ganz Evangelium: Zachäus – ein Name, ein Mensch: Zu dem will Jesus, nicht zum Zöllner, nicht zu dem Ausbeuter, nicht zum Römerkumpel, nein: zum Menschen Zachäus.

Durch Jesu Ruf erhält der Mensch Zachäus eine neue Zukunft. Und der zögert nicht. Er macht seinen Schaden wieder gut. Er teilt mit den Armen. Er gibt den Betrogenen, was er ihnen genommen hat. Er verlässt seinen Kokon. Er gibt sich ohne Netz und doppelten Boden der Zukunft hin.

Zachäus kehrt um! Und Jesus verheißt ihm und seinem ganzen Haus: Heil, denn er ist ein Sohn Abrahams, des Gerechten. Abraham aber ist Vater aller Völker und Menschen, nicht nur Israels.

Diese kleine Episode ist darum mehr als nur ein morali-
scher Appell. In ihr kehrt nicht nur ein Verlorener um,
wechselt nicht nur ein Reicher seine Position, zeigt ein Be-
trüger Reue, findet ein Verirrter heim. Nein, hier geht es
auch um ein kollektives Geschehen, die Geschichte lehrt,
dass eine Gesellschaft ihre Sehgewohnheiten ergänzen
muss.

Zachäus will in die Welt der anderen schauen und sucht
sich einen Baum für gute Sicht. Jesus sieht nicht nur die
Vergangenheit, sondern die Zukunft des Menschen. Wie
aber sieht die Menge? – Das ist nicht gesagt.

Der, auf den sie sich mit ihren Blicken konzentriert haben,
enttäuscht ihre Erwartungen: Er macht ihre Abgrenzung
nicht mit. Er bedient nicht einfach ihre Überzeugungen. Er
ist darin eine Führungspersönlichkeit, dass er die Blase ihrer Urteile verlässt und den Ausgegrenzten anspricht, ihn
aufsucht und ihm den Weg in die Gesellschaft öffnet. Das
ist geradezu seine Mission.

Das aber ist auch heute nötig, denn eine lebenswerte Zukunft beginnt da, wo wir für den Frieden Grenzen über-
winden, Menschen einladen, Not lindern: Das gilt für den
am Rand stehenden Schüler auf dem Schulhof. Das gilt für
die Menschen von Moria. Das gilt für den Andersdenken-
den.

Jesus durchbricht die sich wechselseitig verstärkende Dynamik, in der sich Menschen durch eigenes Tun und Fremdzuschreibungen in ein Dasein einsperren und einsperren lassen. Jesus sieht Zachäus, den Menschen, spricht ihn an, kehrt bei ihm ein und befreit ihn aus der Sackgasse des Lebens.

Vertrauen in die Zukunft beginnt da, wo wir erkennen, wir sind nicht nur das, was wir tun und denken und nicht nur das, was andere von uns sagen. Wir sind mehr: Menschen, die Leben sollen, Wortempfänger – Anfänger. In jedem von uns ist etwas von diesem sehnsüchtigen Zachäus verborgen.

Diesem Zachäus in dir blickt Jesus an und ruft: Komm runter. Geh mit mir. Lass dich ein. Fang an! Du bist mehr!

Bartimäus

Zwei Konfirmanden im Gespräch

Mir fehlt auch manchmal der Durchblick.

> Ich bin auch manchmal blind im Verstehen.

> Hilft der Glaube da auch?

Ich habe Fragen und suche Antworten.

> Ich frage mich, was nach dem Tod kommt!

Mir fehlt der Durchblick in Physik.

> Geht mir mit Mathe genauso.

Ich versteh oft den Streit unter meinen Freunden nicht!

> Ich versteh euch Jungs nicht.

Und überhaupt, manchmal versteh ich überhaupt nicht, was das Leben gerade soll.

> Mir fehlt der Durchblick, wenn sich meine Eltern streiten.

Und wie es eigentlich dazu kommt, dass zwei Menschen sich lieben?

> Ich verstehe die Gedanken der anderen manchmal überhaupt nicht.

Es gibt eigentlich viele Fragen.

> Ich versteh ehrlich auch diese Wundergeschichten nicht. Jesus heilt den Blinden? Aber so richtig den Durchblick haben die Menschen doch irgendwie dadurch nicht.

Ja, auch im Glauben fehlt mir manchmal der Durchblick.

Auch hier in der Kirche!

Aber der Jesus sagt ja zu Bartimäus: „Dein Glaube hat dich gerettet!"

Was das nun wieder heißen soll?

Eine biblische Begegnung

Und als Jesus und seine Jünger und etliches Volk von Jericho weiterzogen, saß Bartimäus, der Sohn des Timäus, ein blinder Bettler, am Weg. Und als er hörte, dass es Jesus von Nazareth sei, begann er laut zu rufen:

Sohn Davids, Jesus, hab Erbarmen mit mir!

Hilf mir doch!

Ich bin hier!

Sohn Davids!

Wo bist du?

Entrüstung im Volk:

Hej, sei still!

Schrei nicht so laut!

Wir wollen die Geschichte hören!

Wir wollen Gottes Wort hören!

Mach nicht so ein Lärm!

Unmöglich!

Bartimäus aber lässt nicht nach, immer lauter sein Rufen:

Sohn Davids, hab Erbarmen mit mir!
Ich habe da mal ein paar Fragen!
Mir fehlt der Durchblick!
Und Jesus blieb stehen und sprach:
Ruft ihn her!
Da wird das Volk irritierend sanft:
Sei guten Mutes, steh auf! Er ruft dich.
Und Jesus wandte sich ihm zu:
Was soll ich für dich tun?
Rabbuni, mach, dass ich wieder sehen kann.
Geh, dein Glaube hat dich gerettet.
Und sogleich sah er wieder und folgte ihm auf dem Weg.

Gott fragt oder warum der Glaube nicht nur Antwort ist

Manchmal fehlt auch mir der Durchblick. Mir geht es nicht anders als euch Konfirmanden. Auch ich stelle mir Fragen: Wie das so mit der Liebe funktioniert? Warum es nicht möglich ist, dass alle Menschen im Frieden miteinander leben? Warum die einen krank sind und andere gesund? Warum meine Zeit immer viel zu knapp ist? Warum der Jugendliche unter den Zug geriet?

Manchmal geht es mir wie Bartimäus! Ich fühle mich irgendwie blind, suche nach Antworten. Wo aber finden wir die Antworten? Finden wir sie im Glauben? Finden wir sie bei Gott? Geht es überhaupt im Glauben um die Antwort? Oder geht es eigentlich um die Möglichkeit der Frage?

Mir sind in meinem Leben eine Menge Menschen begegnet, die viele Antworten hatten, die wussten ganz genau, was man zu glauben hatte. Die wussten, wen Gott liebt, und wen er nicht liebt! Die wussten, dass der einzige Weg zum Heil die bedingungslose Nachfolge Jesu ist. In ihren Antworten passte alles. Es war ein heiles Weltbild. Der Glaube, ja Gott war die Antwort. Und es war immer ganz klar, was man zu tun hatte: Gott lieben und seinen Nächsten lieben. Sich in Konflikten versöhnen, gütig sein und gehorsam auf Gottes Weisung.

Irgendwann ertappte ich mich dabei, dass ich mitleidig wurde mit diesen Menschen. Dieses klare, orientierungsstarke Weltbild des Glaubens, hatte eine klaffende Wunde: Ihm fehlten die Fragen. Es fehlte die Sehnsucht. Es fehlte die Beziehungsfähigkeit. Ihre Klarheit hatte etwas Einschränkendes. Sie ließ keinen Raum für Fragen, keinen Raum für Anfechtung, keinen Raum für Zweifel. Ich empfand es einen blinden Glauben.

Es war ein Glaube, dem der Durchblick fehlte ins Leben. Es war ein Glaube, der nicht mehr hinsehen wollte auf die Nöte und Sorgen. Es war ein Glaube, der Konflikte nicht aushalten konnte, noch die Positionen der Streitparteien hören wollte. Mir kam der Glaube vor wie eine Weltflucht. Es war irgendwie ein Glaube, der das Schreien der Not, der Armen, der Leidenden zum Schweigen bringen wollte.

Doch Gott ist nicht nur die Antwort. Gott ist auch die Frage. Da sitzt dieser blinde Bartimäus. Ihm fehlt der Durchblick. Er lebt ganz aus dem Hören. Gehört hat er Wortfetzen über Jesus von den vorbeiziehenden Menschen. Er hört, dass Jesus sich naht. Aber er sieht nichts und die Masse scheint ihn nicht zu beachten. Der blinde Bettler Bartimäus schreit, ruft nach Jesus. Und die Menschen aus dem Volk rufen ihn zur Ruhe. Bartimäus stört. Fragen stört.

Denn die Fragen stören das System. Aber das Leben stellt Fragen. Das Leben ist nicht einfach zu verstehen. Unser Leben ist im Wesentlichen Geheimnis.

Die frommen Menschen, die ich oben beschrieben habe, lassen die Fragen nicht zu, für sie ist alles klar: Die Tradition und die Dogmen sind klar. Der Glaube ist die Antwort. Gott ist die Lösung. Sie wissen, wie ein Gottesdienst richtig gestaltet ist. Sie kennen die rechte Liturgie. Sie wissen, was

Konfirmand*innen lernen sollen. Sie wissen auch, wie eine Kirche aussehen muss und wie das Kreuz gestellt werden muss. Der Glaube, die Tradition, die Dogmen geben ihnen Sicherheit. Fragen irritieren und bringen alles ins Wanken.

Das Leben produziert täglich Fragen. Bartimäus schreit weiter. Und Jesus hört. Gott fragt nach ihm! *„Ruft ihn her!"* – *„Was soll ich für dich tun?"* – *„Verschaffe mir Durchblick, mach, dass ich wieder sehen kann!"*, ist die Antwort des Bartimäus. Und Jesus schickt ihn los. *„Dein Glaube hat dir geholfen!"* Bartimäus konnte wieder sehen.

Was mich aber an der Bartimäus-Geschichte wirklich fasziniert: Jesus sieht und hört hin! Er unterdrückt die Fragen nicht! Er unterdrückt das Schreien und Rufen nicht! Nein, er wendet sich Bartimäus zu. Sieht hin, hört hin und fragt nach! Darin nimmt er Bartimäus ernst.

Jesus ist einer, der meine Fragen ernstnimmt. Darauf darf ich vertrauen, daran kann ich glauben. Gott nimmt dich in deinen Fragen ernst. Er will keine blinde Gefolgschaft. Glauben heißt auch Sehen lernen, heißt sich den Fragen stellen, die Welt in Frage stellen und dabei auch aushalten, dass im Leben vieles Geheimnis bleibt. Bartimäus folgt Jesus sehend.

Bartimäus sieht die Welt neu. Er folgt Jesus. Wie wird ihn diese Nachfolge verändern? Die Bibel erzählt darüber nicht viel. Vielleicht aber wird er versuchen, diese Zuwendung Gottes zu den Menschen zu tragen. Denn letztlich ist das doch Nächstenliebe: Hinhören, hinsehen, mit fragen, mit dem anderen in Beziehung treten, auch mit dem, dessen Position ich nicht teile, kommunizieren, hinhören und nicht in Dogmen verharren.

Gott fragt nach dir. Seine Frage ist die Liebe – denn er will dich nicht verlieren. Aber er schenkt dir die Freiheit mit offenen Augen die Welt zu erfragen und zu entdecken. Nur Mut!

März

Jesus antwortete:
Ich sage euch:
Wenn diese schweigen werden,
so werden die Steine schreien.
Lukas 19,40

Unter dem Kreuz!

Danach, als Jesus wusste, dass schon alles vollbracht war, spricht er, damit die Schrift erfüllt würde: Mich dürstet. Da stand ein Gefäß voll Essig. Sie aber füllten einen Schwamm mit Essig und legten ihn um einen Ysop und hielten ihm den an den Mund. Da nun Jesus den Essig genommen hatte, sprach er: Es ist vollbracht. Und neigte das Haupt und verschied.

(Johannes 19,28-30)

Es ist Abend geworden. Jesus ist tot. Seine letzten Worte: Es ist vollbracht! Und jetzt? Den ganzen Tag sind Menschen an seinem Kreuz vorbeigegangen. Der Blick auf Kreuz und Fragen in meinem Kopf.

Wer sind wir unter dem Kreuz?

Sind wir wie die vielen aus dem Volk, die am liebsten das Kreuz nicht wahrhaben wollen, die es nicht sehen wollen mit der Inschrift: „Jesus von Nazareth – der König der Juden!" – die sich entfernen vom Kreuz, die es nicht aushalten, dass die Geschichte so grausam ist, dass der Glaube nicht nur Glanz und Gloria, nicht nur Triumph ist.

Wer sind wir unter dem Kreuz?

Wer sind wir – was richten wir unschuldig hin, weil wir mutlos sind wie Pilatus, weil wir berechnend sind und schweigen für unsere eigene Sicherheit und Bequemlichkeit?

Wer sind wir unterm Kreuz?

Sind wir vielleicht jene, die unter dem Kreuz die Kleider auslosen? Die sich darum reißen, wem dieser Gekreuzigte gehören soll? Ein Losen um die Wahrheit in den unsicheren Meinungen. Kennen wir das nicht im alltäglichen Diskurs über die Wahrheit? Wer das Kleid hat, der hat auch Gott. Gott ist unzerteilbar, aber ist der Besitz von Wahrheit pures Losglück? Gibt es nicht immer auch andere Wahrheiten über Christus, über Christus und die Welt?

Wer sind wir unter dem Kreuz?

Vielleicht wollen wir gar nicht die um Wahrheit Streitenden sein. Wir sehnen uns nach Einheit unter den Schwestern und Brüdern. Wir wollen doch Frieden und Gemeinschaft. Wir sind wie Maria und der Jünger, den Jesus liebte. Gemeinsam blicken wir auf das Kreuz und erwarten uns Antworten auf unsere Fragen. Warum dieses sinnlose Leid in der Welt? Warum diese Qual des Lebens in den Folterkammern der Diktaturen? Warum die Zerrüttung unter Familien? Warum die Erbstreitereien hier und dort? Warum die

Einsamkeit und Vereinzelung? Jeder trägt seine eigene Trauer in sich unter dem Kreuz. Die Sorge um den Arbeitsplatz, die Schmerzen des Herzens und die Leiden des Krebses. Die Furcht vor dem Tod und die zerplatzten Hoffnungen in der Liebe.

Wer sind wir? Und was sagt eigentlich der Gekreuzigte? – *„Mich dürstet!"*

Der Durst Jesu – sein Durst nach Vollendung. Dein Durst nach Leben! Sein Durst, die Sehnsucht heimzukommen ans Ziel – heim zum Vater. Deine Sehnsucht, Gott zu spüren?

Sein Durst ist im Johannesevangelium die einzige Aussage über Sehnsucht und Anstrengung. Es ist der Durst des langen Weges zum Vater und zu den Menschen, der Durst des Leidens und der Qual. *„Mich dürstet!"* In diesem Durst kommt der unnahbar scheinende, der souverän sein Leiden inszenierende Jesus mir ganz nah, hier wird er menschlich zugänglich. Ihn dürstet nach Wasser des Lebens.

Jesus dürstet unseren Durst. Er dürstet für uns, er dürstet mit uns.

Und sein Durst wird gestillt, die Sehnsucht wird erhört. Man reicht ihm ein Schwamm mit Essig. Und dann seine letzten Worte der Erlösung und der Initiation: *„Es ist vollbracht!"* und Jesus verschied.

In Jesu letzten Worten wird besonders deutlich, Jesus ist der aktiv Handelnde, den Willen des Vaters Erfüllende und damit die Seinen liebende. „Es ist vollbracht!"

Es ist vollbracht! Der Weg Gottes mit den Menschen, der Weg Jesu – ist vollendet. Das stirbt kein ferner Gottessohn, kein Mythos, keine himmlische Lichtgestalt. Da stirbt am Kreuz ein Mensch. Der menschgewordene Gottessohn, der den Weg des Menschen geht.

Ja, es ist vollbracht. Gott hat gelitten, Christus ist gestorben – der Hass der Welt hat über die Liebe gesiegt und Gott hat es zugelassen, hat es auf sich genommen. Gerade darin liegt seine Stärke. Seine Allmacht ist eben keine abgehobene von der Welt des kleinen Mannes. Gottes Allmacht kennt das Arme, die Schmerzen und das Leiden. Gerade weil er dies kennt, kann er trösten und kann er lieben. Die Liebe kennt nicht nur Ostern und die Freude, sie kennt auch das Leiden. Und darum kann die Liebe trösten!

Wir aber stehen unter dem Kreuz! Schweigend mit unseren Fragen und unseren Schmerzen. Jesus aber hat sie auf sich genommen. Sie heften ihm an, er nimmt sie auf sich als unser Lamm, das die Sünde der Welt trägt und das das Leid der Welt trägt. Halten wir es aus! Gott ist tot und gerade dadurch wird seine Liebe zur Welt und zu dir lebendig und kräftig und schärfer.

April

*Christus ist
Bild des unsichtbaren Gottes,
der Erstgeborene der ganzen Schöpfung.*

Kolosser 1,15

Der Gärtner

Maria aber stand draußen vor dem Grab und weinte. Als sie nun weinte, beugte sie sich in das Grab hinein und sieht zwei Engel in weißen Gewändern sitzen, einen zu Häupten und den andern zu den Füßen, wo der Leichnam Jesu gelegen hatte. Und die sprachen zu ihr: Frau, was weinst du? Sie spricht zu ihnen: Sie haben meinen Herrn weggenommen, und ich weiß nicht, wo sie ihn hingelegt haben.

Und als sie das sagte, wandte sie sich um und sieht Jesus stehen und weiß nicht, dass es Jesus ist. Spricht Jesus zu ihr: Frau, was weinst du? Wen suchst du? Sie meint, es sei der Gärtner, und spricht zu ihm: Herr, hast du ihn weggetragen, so sage mir: Wo hast du ihn hingelegt? Dann will ich ihn holen. Spricht Jesus zu ihr: Maria! Da wandte sie sich um und spricht zu ihm auf Hebräisch: Rabbuni!, das heißt: Meister! Spricht Jesus zu ihr: Rühre mich nicht an! Denn ich bin noch nicht aufgefahren zum Vater. Geh aber hin zu meinen Brüdern und sage ihnen: Ich fahre auf zu meinem Vater und eurem Vater, zu meinem Gott und eurem Gott. Maria Magdalena geht und verkündigt den Jüngern: „Ich habe den Herrn gesehen", und was er zu ihr gesagt habe.

Johannes 20,11-18

Maria ist auf dem Weg zum Grab.
Wie so viele immer wieder auf dem Weg zu den Gräbern
ihrer Geliebten sind.

Jesus ist tot!
Sie hat sich noch nicht daran gewöhnt.
Es ist noch frisch.
Am Grab will sie dem Toten nahe sein.

Jesus ist tot!
Maria aber sucht ihn auf.
Geht zu dem Ort, wo sie seine Nähe spüren will.

Sie weint!
Sie weint, aus ihr fließt die Vergangenheit,
die Erinnerungen und die geteilte Hoffnung,
der gemeinsame Lebensentwurf,
die Erinnerung an die gemeinsamen Wanderungen,
an die Gespräche,
an die Nähe zu Jesus.

Maria weint.
Sie steht vor dem Grab.
Sie schaut in das Grab.

Wie viele Menschen schauen an diesem Ort täglich auf die
Gräber?
Mal mehr und mal weniger weinend und traurig,
mal mehr und mal weniger die Vergangenheit hervorho-
lend, schwelgend, weinend in den Erinnerungen an die gemeinsamen Zeiten mit den Toten.

Das Weinen am Grab ist intim,
nur selten sehe ich Menschen auf dem Friedhof miteinander ins Gespräch kommen.
Grabpflege scheint eine private Angelegenheit.

Maria aber schaut ins Grab.
Maria weint.

Doch Maria ist nicht allein.
Sie wird im Weinen angesprochen.

Maria!

Frau, was weinst du?
Zwei Engel mit weißen Gewändern sitzen dort.
Sprechen sie an: Frau, was weinst du?

„Sie haben mir meinen Herrn weggenommen! Ich weiß nicht, wo sie ihn hingelegt haben!"

Maria ist auf der Suche.
Sie wendet sich um.
Will sie weitergehen?
Sie hört nicht auf zu weinen!

Nein, sie sucht weinend.
Und sie sieht einen Gärtner,
der hinter ihr ist.

Auch er spricht sie an:
„Frau, was weinst du!"

Wie tröstlich ist es,
wenn unsere Tränen gesehen werden.
Wenn Menschen an den Tränen nicht verschämt vorbei-
sehen.

„Was weinst du?"
Marias Tränen werden gesehen.

Diese Ostergeschichte ist kein großer Jubelschrei,
nein, die Ostergeschichte der Maria ist eine Tränenge-
schichte,
diese Ostergeschichte sieht das Weinen über den Gekreu-
zigten.

Diese Geschichte sieht die Trauernden,
die nicht einfach dem Weiterso folgen können,
die nicht die schnelllebige Auferstehungserfahrung erlebt
haben,
sondern die der Vergangenheit nachsinnen,
den Verlust noch beweinen,
und auf der Suche sind.

Die Ostergeschichte am Grab sieht die Weinenden.

Halte mich nicht fest!

Der Gärtner aber ist anders als die Engel:
Er fragt nach,
er geht auf die Suchende ein.

„Wen suchst du?"

In der Antwort Marias auf diese Frage wird die ganze Last
des Leidens und der Trauer deutlich:
Sie möchte Jesus holen.
Sie möchte den Toten als Lebendigen festhalten.
Sie will den Toten nicht einfach hergeben,
sie will ihn beherbergen.

Maria hat den Gärtner nicht erkannt.
Doch der ruft sie beim Namen: „Mariam".

Da wendet sie sich abermals um!

Und sie erkennt ihn und spricht: *„Rabbuni!"*

Der Ruf bei ihrem Namen verändert alles.
Noch einmal kehrt sie um.
Sie war schon auf dem Weg zurück in ihr altes Leben,
ein Leben ohne den Jesus,
ein Leben mit dem Verlust.

Doch jetzt!
Jetzt wird sie mitten im Weinen verändert.

Was genau geschieht?
Wir wissen es nicht.

Wir hören nur Jesu Ermahnung: „Rühre mich nicht an!
Halte mich nicht fest! Lass mich los!"

Und wir hören den Auftrag an Maria, dass sie den anderen
von dem Geschehen erzählen soll.

Halte mich nicht fest!
Lass mich los!

Ostern ist im Kern ein Fest des Loslassens.
Auferstehung zum Leben ist eine Veränderung, eine Ver-
wandlung im Leben.

Maria muss lernen loszulassen und
sie kann loslassen.

Loslassen muss sie den irdischen Jesus,
den Jesus, mit dem sie durch das Land gewandert ist,
den Menschen, den sie wohl liebte.

Loslassen muss sie die Vergangenheit.
Ostern ist kein einfach „Weiterso",
Ostern ist keine Beschwörung der Vergangenheit.
Ostern ist kein Gedenken an einen Toten,
sondern Ostern feiert den Lebendigen.

Und was ist mit dem Weinen?

Gott wird abwischen alle Tränen und der Tod wird nicht
mehr sein …
Das hoffen wir,
das wünschen wir uns,
vielleicht sehnen wir uns auch danach.

Die Geschichte der Maria teilt diese Hoffnung und Verheißung nicht. Ostern ist nicht das Ende des Todes und
Austrocknen der Tränen.

Aber seit Ostern,
seit der Geschichte mit Maria,
dürfen wir in der Erwartung leben,
dass der schon im Garten neben mir und dir steht,
der die Tränen trocknet.

Maria kann für uns zum österlichen Vorbild werden.
Sie gelangt von der Trauer zur Gewissheit.

Wie aber geschieht das?

Ich habe den Herrn gesehen!

Es geschieht durch ihr eigenes Erzählen.
Jesus sendet sie zu den Jüngern.

Und sie erzählt.
„Ich habe den Herrn gesehen!"

Sie wird zur Zeugin.
Sie berichtet von ihrer Erfahrung,
vom Ziel des Auferstandenen
und von ihrem Loslassen.

„Ich habe den Herrn gesehen!"

Das ist die österliche Trostbotschaft für Maria.

Sie hängt dem Toten nicht mehr nach,
will ihn nicht festhalten,
der Tod hat keine Macht mehr über Leben,
sie hat das alte Leben losgelassen.

Ostern verändert die Blickrichtung.
Ostern feiert den Aufbruch.

Früh am Morgen - an einem Grab,
bricht Maria auf.
Und verkündet es allen:
Der Herr ist auferstanden
er ist wahrhaftig auferstanden. Halleluja.

Geheimnisvolle Begegnung

Die beiden Männer liefen die Straße entlang.
Erst gebückt. Schweigsam. In sich gekehrt. Erschöpft.
Dann sich leise unterhaltend.
Über das Geschehene. Unmögliche.
Die Verletztheit an Geist und Seele.
Die tiefe Wunde im Herzen.
Das Ende ihrer Geschichte mit Jesus.
Ausgelöscht. Die Grundlage ihres Glaubens.
Unfassbar. Untröstlich. Unwiederkehrbar.
Da trat er zu ihnen.
Unerkannt. Zugewandt. Zuhörend.
Ließ sie erzählen.
Nahm Anteil.
Fragte nach.
Ließ sie sich heilen im Erzählen.
Ließ sie neuen Mut finden.
Das Geschehene stehen zu lassen.
Ließ sie sich neu ausrichten.
Und sie luden ihn ein,
mit ihnen zu speisen.
Weil er ihnen Geborgenheit gab.
Und er war mitten unter ihnen.
Und es öffneten sich ihnen die Augen.
Und das Herz.

Und es eröffnete ihnen die Erkenntnis,
dass nicht alles verloren,
dass es neu beginnen kann, das Leben.
Dass es Sinn hat.
Dass es Aufgabe hat.
Dass es Hingabe braucht.
Und dass wir uns begleitet wissen,
ein Leben lang.

Und siehe, am gleichen Tag waren zwei von den Jüngern auf dem Weg in ein Dorf namens Emmaus, das sechzig Stadien von Jerusalem entfernt ist. Sie sprachen miteinander über all das, was sich ereignet hatte. Und es geschah, während sie redeten und ihre Gedanken austauschten, kam Jesus selbst hinzu und ging mit ihnen. Doch ihre Augen waren gehalten, sodass sie ihn nicht erkannten. Er fragte sie: Was sind das für Dinge, über die ihr auf eurem Weg miteinander redet? Da blieben sie traurig stehen und der eine von ihnen - er hieß Kleopas - antwortete ihm: Bist du so fremd in Jerusalem, dass du als Einziger nicht weißt, was in diesen Tagen dort geschehen ist? Er fragte sie: Was denn? Sie antworteten ihm: Das mit Jesus aus Nazareth. Er war ein Prophet, mächtig in Tat und Wort vor Gott und dem ganzen Volk. Doch unsere Hohepriester und Führer haben ihn zum Tod verurteilen und ans Kreuz schlagen lassen. Wir aber hatten gehofft, dass er der sei, der Israel erlösen werde. Und dazu ist heute schon der dritte Tag, seitdem das alles geschehen ist. Doch auch einige Frauen aus unserem Kreis haben uns in große Aufregung versetzt. Sie waren in der Frühe beim Grab, fanden aber seinen Leichnam nicht. Als sie zurückkamen, erzählten sie, es seien ihnen Engel erschienen und hätten gesagt, er lebe. Einige von uns gingen dann zum Grab und fanden alles so, wie die Frauen gesagt hatten; ihn selbst aber sahen sie nicht. Da sagte er zu ihnen: Ihr Unverständigen, deren Herz zu träge ist, um alles zu glauben, was die Propheten gesagt haben. Musste nicht der Christus das erleiden und so in seine Herrlichkeit gelangen? Und er legte ihnen dar, ausgehend von Mose und allen Propheten, was in der gesamten Schrift über ihn geschrieben steht. So erreichten sie das Dorf, zu dem sie unterwegs waren. Jesus tat, als wolle er weitergehen, aber sie drängten ihn und sagten: Bleibe bei uns; denn es wird Abend, der Tag hat sich schon geneigt! Da ging er mit hinein, um bei ihnen zu bleiben. Und es geschah, als er mit ihnen bei Tisch war, nahm er das Brot, sprach den Lobpreis, brach es und gab es ihnen. Da wurden ihre Augen aufgetan und sie erkannten ihn; und er entschwand ihren Blicken.

Lukas 24,13-31

Mai

Öffne deinen Mund für den Stummen, für das Recht aller Schwachen!
Sprüche 31,8

Vom Losgehen, Zurückkommen und Bleiben

Aufbruch
Aufbrechen. Losgehen.
Den Blick nach vorne.
Endlich selbst Verantwortung tragen.
Heraus aus dem Trott.
Endlich erwachsen,
der Kindheit ent-wachsen.
Hänschen klein, ging allein.
Forschen Schrittes, dem Leben entgegen.
Dem Vater das Erbe abverlangt,
er gibt es – schweren Herzens.
Weil man Kinder nicht aufhält,
weil sie ihre eigenen Erfahrungen machen müssen,
weil nur heimkommen kann, wer weggeht.
Eine letzte Umarmung,
ein letzter Blick,
ein Herz leicht,
ein Herz schwer.

Leben lernen

Strecke machen, aus eigener Kraft.
Das Herz in den Wolken.
Den Feldern entgegen,
den Wäldern entgegen,
der Stadt entgegen.
Hier findet Leben statt,
Lichterglanz und Menschentanz.
Alles zu haben für Geld.
Auch Glück.
Auch Freundschaft.
Hoch die Tassen, sei mein Gast,
endlich das pulsierende Leben fühlen,
das Herze froh, die Gedanken leicht, der Kopf benebelt.
Das Geld schwindet.
Die Freunde auch.
Vom Schulterklopfen zu Schulterzucken.
Haste nix, biste nix.
Weggejagt, ausgelacht, Tritt in Hintern.
Gedemütigt, verraten, verlassen.
Das Herz im Dreck,
verletzt, blutend, wundgeschlagen.

Abwärts

Der Weg ist lang, kaum eigene Kraft.
Das Herz wiegt schwer,
schleppend der Gang.
Hochfliegende Träume,
knallharte Realität.
Wovon Leben,
wohin gehen?
Verdingen als Schweinehirt,
satt werden am Trog.
Betrogen vom Leben?
Betrogen ums Erwachsenwerden?
Betrogen um Herkunft und Zukunft?
Machtlos, schlaflos, kraftlos.

Erkenntnis

Vielleicht ohne Zukunft,
aber nicht ohne Herkunft.
Vom Vater die Wurzeln,
die Liebe im Herzen bleibt spürbar,
Heimkehren ist Option, nicht Scheitern.
Leben lernen heißt manchmal auch umkehren.
Neustarten. Erlebtes stehenlassen.
Vertrauen darauf, dass er getragen
und begleitet wird, wohlwollend.
In Liebe, mit Gnade.

Heimwärts

Strecke machen, wieder aus eigener Kraft.

Das Herz in der Hand.

Weg von der Stadt,

weg vom Trog,

Durch die Wälder,

Den Feldern entgegen.

Dem Vater entgegen.

Beschämt erwartungsfroh.

Eine letzte Wegbiegung,

und dann ...

Der Vater eilend,

mit offenen Armen und noch weiterem Herzen

umfasst, herzt, drückt, weint, strahlt.

Verzeiht, nimmt an, lässt sein.

Ohne Wenn und Aber.

Der Sohn lässt sich fallen,

in die offenen Arme und ins offene Herz.

Nimmt sie an, die unendliche Liebe.

Fühlt seine Wurzeln und sein Herz.

Ist erwachsen geworden.

Sein vermeintliches Scheitern

und die unendliche Liebe des Vaters

sind Grundlage seines Lebens.

Alles ist möglich – immer wieder.

Nachtrag

Unsicher. Ungeliebt. Unsichtbar.

So fühlt er sich.

Immer an Vaters Seite,

Verantwortung übernommen,

wo der andere kniff

und sich selbst verwirklichte.

Geschuftet, dass der Hof funktioniert.

Bis zur Erschöpfung.

Kein Lob, kein Dank, verraten.

Der Gebliebene fühlt sich verloren.

Doch der Vater sieht ihn,

versucht, den Zorn zu verstehen.

Spricht ihm zu:

Immerwährend bist Du in meinem Herzen,

bist an meiner Seite.

Du bist ein Stück von mir,

ohne Dich geht nichts.

Ich erfreute mich an Dir jeden Tag.

Weggehen ist gut,

bleiben ist auch gut.

Es ist nicht weniger Wert.

Zurückzubekommen, was verloren,

hat einen anderen Wert.

Wer umkehren kann,

hat Achtung verdient,
hat Freude verdient.
Mach Dich nicht klein,
denn Du bist alleine groß.
In Dir und in mir.
Öffne Dein Herz für das Verlorene,
denn auch Gottes Herz ist offen,
für alle und alles Verlorene.
Er überlegt.
Spürt in sich.
Spürt den Worten des Vaters nach.
Vielleicht kann er Leichtigkeit zulassen.
Jetzt muss *er* einen Weg gehen, im Bleiben.
Alles ist offen.
Alles ist möglich – immer wieder.

nach Lukas 15,11-31

Gebet

Nur bruchstückhaft. Erkenne ich.
Die Verletzlichkeit der Natur –
zugleich meine Verletzlichkeit.
In der Fehlbarkeit der Natur –
auch meine Fehlbarkeit.
Im Unfertigen der Natur –
auch meine Unfertigkeit.
Verletzlich – fehlbar – unfertig!
Und doch. Ich darf mit mir gnädig sein.
Weil Du, Gott, Deine endlose Gnade
über mich ausgießt. Immer wieder.
Weil *sie* mich umhüllend
meine Verletzlichkeit schützt.
Meine Fehlbarkeit mildert.
Meine Unfertigkeit sein lässt.
Als Etwas, was zu mir gehört.
Was mich ausmacht!
Dann werde ich erkennen
und glauben,
daran, dass Du mich
zu Deinem Ebenbild geschaffen.
Jetzt. Bis in Ewigkeit.

nach 1. Korinther 13, 9-11

Risse im Paradies

Zu Lukas 15,11-31

Ein Mensch hatte zwei Söhne. Und der jüngere von ihnen sprach zu dem Vater: Gib mir, Vater, das Erbteil, das mir zusteht. Und er teilte Hab und Gut unter sie.

Vater:
Ich bin stolz auf meine zwei Söhne.
Hier haben sie alles, was sie brauchen.
Eine Familie, in der es allen gut geht.
Ich habe sie darin erzogen,
dass sie die Regeln und Gebote halten,
dass sie die richtigen Werte achten.

Alles gebe ich für sie,
damit sie mein Erbe gut verwalten
und damit mein Haus und Hof besteht.

Ich bin ein stolzer Vater.

Jüngerer Sohn:
Ich weiß wohl:
mein Vater meint es gut mit mir.
Aber dennoch:
Ich merke doch wie enttäuscht er ist,

wenn ich seine Erwartungen nicht erfülle.
Nach außen die heile Familie spielen – das liegt mir nicht.

Immer nur zuhause sein und auf seine Pläne warten
und sie dann umsetzen,
davon habe ich ehrlich mehr als genug.
Mich zieht es weg.

Älterer Sohn:
Auf mich kann sich Vater verlassen.
Ich bleibe hier und erfülle die Erwartungen.
Mir geht es ja auch gut hier.
Ich habe meine Freunde.
Ich habe eine Aufgabe.
Ich bin angesehen.

Aber mein Bruder.
Schon immer wollte der etwas Besonderes sein.
Immer hatte der seine Träume und Sehnsüchte.
Größenwahn.

Und Vater gibt ihm auch noch das Erbe.
Und ich bleibe zurück.
Auf mich kann man sich ja verlassen.
Ich bringe die jetzt schon irgendwie durch.
Ich mühe mich ab.
Ich bleibe hier.

Ein Gutes hat es ja:
Jetzt ist es mein Erbteil.
Jetzt gehört mir die Zuwendung des Vaters ganz.
Ein letzter Blick.
Geh nur, Bruder.
Auf und davon.
Leb wohl in deiner Welt.

… brachte er sein Erbteil durch mit Prassen. Als er aber alles verbraucht hatte, kam eine große Hungersnot über jenes Land und er fing an zu darben und ging hin und hängte sich an einen Bürger jenes Landes; der schickte ihn auf seinen Acker, die Säue zu hüten. Und er begehrte, seinen Bauch zu füllen mit den Schoten, die die Säue fraßen; und niemand gab sie ihm.

Jüngerer Sohn:
Meine Träume von Leben, Lieben und Umherziehen,
sie zerrannen mir in den Händen.
Das funktioniert, solange du viel Besitz und Reichtümer
hast.
Und das hatte ich ja, als ich von zuhause losgegangen war.
Aber es hielt nicht lange an,
bald war alles aufgebraucht.
Ich wurde bestohlen, belogen und gejagt.
Ich musste Schulden machen,
sogar einmal um mein Leben fürchten.

Nun stehe ich hier, ich kann nicht anders.
Mein Leben, meine Pläne und Vorstellungen,
meine Freunde, alles hat sich zerschlagen, wie in Luft auf-
gelöst.

Was soll ich tun?
Es muss sich etwas ändern, unbedingt!
So geht mein Leben vollends vor die Schweine.
Das kann's doch nicht sein!
Das will ich nicht!
Aber was will ich?
Ich weiß es nicht.

Oder etwa doch…? *(zögert)*

Vielleicht…vielleicht ist es möglich…zurück nach
Hause…? *(zögert)*

Wie peinlich wäre das denn?
Und wie würden sie reagieren
– mein Vater, und mein Bruder erst!
Wie es ihnen wohl geht?

Auf jeden Fall ist das besser als hier zu bleiben...

*Und er machte sich auf und kam zu seinem Vater. Als er aber
noch weit entfernt war, sah ihn sein Vater und es jammerte ihn.*

Vater:

Das kann nicht wahr sein.

Nein, ich trau meinen Augen kaum.

Mein Sohn wagt es zurückzukommen,

Er findet zu seinen Wurzeln zurück.

Aber wie sieht er aus.

In Lumpen, zerrissen und schmutzig.

Ob er unter die Räuber gefallen ist?

Ach, was soll's.

Seit er weg ist, habe ich viel nachgedacht.

Sein Weggang war der größte Schmerz in meinem Leben.

Seit er fort ist,

habe ich mein Paradies verloren.

Ich wünschte, er hätte es zu etwas gebracht,

vielleicht ein kleines Startup, ein guter Kaufmann.

Nun kommt er dahinten,

am Horizont – ein dreckiger Junge in Lumpen,

er stinkt wie Schwein,

aber ich fühle das Glück,

ihn zu sehen.

Das ist der schönste Tag.

Heute wird mein Paradies wieder heil.

Und er lief und fiel ihm um den Hals und küsste ihn. Der Sohn aber sprach zu ihm: Vater, ich habe gesündigt gegen den Himmel und vor dir; ich bin hinfort nicht mehr wert, dass ich dein Sohn heiße. Aber der Vater sprach zu seinen Knechten: Bringt schnell das beste Gewand her und zieht es ihm an und gebt ihm einen Ring an seine Hand und Schuhe an seine Füße und bringt das gemästete Kalb und schlachtet's; lasst uns essen und fröhlich sein! Denn dieser mein Sohn war tot und ist wieder lebendig geworden; er war verloren und ist gefunden worden. Und sie fingen an, fröhlich zu sein.

Aber der ältere Sohn war auf dem Feld. Und als er nahe zum Hause kam, hörte er Singen und Tanzen und rief zu sich einen der Knechte und fragte, was das wäre. Der aber sagte ihm: Dein Bruder ist gekommen, und dein Vater hat das gemästete Kalb geschlachtet, weil er ihn gesund wiederhat. Da wurde er zornig und wollte nicht hineingehen. Da ging sein Vater heraus und bat ihn.

Älterer Sohn:
Ich weiß gar nicht, was ich schlimmer finde,
dass mein Bruder, dieser Versager,
zurückgekommen ist,
oder dass Vater ihn so umjubelnd empfängt.

Alles hat er verprasst,
das ganze Hab und Gut.
Freiheit wollte er,
Huren nahm er sich.

Und nichts hat er draus gemacht,
aus dem ganzen Gut.

Für Vater ist die Welt wieder in Ordnung,
aber wer hat denn hier immer alles gegeben?
Wer hat die Werte gelebt?
Wer ist hier geblieben aus Pflicht und Gehorsam?

Wo habe ich denn Vaters Gnade gespürt?

Auf dem Feld, beim Schuften?
Bei der Pflege meiner Mutter?
Beim Aushalten seiner Tränen?

Jetzt sehe ich,
wie für den zerlumpten Versager,
für den, der sich alles genommen hat,
der alles verprasst hat,
und dann in Lumpen zurückgekrochen kam,
ein Fest gefeiert wird.
Mit neuen Kleidern.
Mit meinem gemästeten Kalb.

Und ich?
Wer sieht mich?

Muss ich erst die Sünde wählen,
um die Gnade zu spüren?

Muss ich erst sterben,
damit ich ein Fest bekomme?

Ich weiß nicht,
bin ich zynisch,
oder ist es der Zynismus des Vaters?

Für mich gibt es nichts zu feiern!

Er aber sprach zu ihm: Mein Sohn, du bist allezeit bei mir und alles, was mein ist, das ist dein. Du solltest aber fröhlich und guten Mutes sein; denn dieser dein Bruder war tot und ist wieder lebendig geworden, er war verloren und ist wiedergefunden.

Vater:
Es ist so schön,
dass mein Jüngster wieder zuhause ist.
Und wie sich alle freuen,
ein schönes Fest.
Jetzt ist die Familie wieder zusammen.

Ich konnte nicht anders,
die Liebe zu meinem Sohn
ist mehr als das Erbrecht.
Ich kann ihn doch nicht verstoßen!
Er ist doch mein Sohn.

Obwohl?
Mein Ältester!
Dass der sich so gar nicht freut,
das macht mich irgendwie schon nachdenklich.
So unbarmherzig.
Er hat immer sein Bestes gegeben,
er hat immer funktioniert.

Eigentlich war es das erste Mal,
heute,
dass er so aus der Haut gefahren ist,
dass er so zornig war.
Warum braucht er ein Fest?
Warum braucht er einen Heiler?
Er ist doch gesund!
Was braucht er ein Fest der Freude?
Er ist doch eine Freude!

Hat er denn nie gespürt,
wie wichtig er mir ist?
Hat er nie erfahren,
wie wertvoll er mir ist?
Hat er nie erkannt,
dass ich ihn über alles liebe?

Jetzt empört er sich über das Fest
für seinen Bruder.

Warum hätte ich denn für ihn ein Fest feiern sollen?
Er war doch immer da!
Er war doch immer gut!
Es war doch immer schön!
Braucht es da überhaupt ein Fest?
Reicht es nicht, dass es einfach schön ist?

Wieso sieht er das denn nicht ein?
Oder lass ich ihn zu wenig Liebe spüren?
Bin ich zu streng?
Bin ich zu genügsam?
Bin ich zu stolz, dass ich meine Liebe und meine Gnade
im Alltag verberge?

Wo habe ich ihn denn meine Freude spüren lassen?

Er hat recht,
es ist zynisch:
Erst als mein Sohn verloren war,
habe ich die tiefe Liebe zu ihm erkannt.

Erst als mein Paradies Risse bekam,
habe ich erkannt, dass ich meinem Sohn die Freiheit lassen muss,
dass ich ihn frei lassen muss von meinen Erwartungen
und Träumen,

von meinen Illusionen und meiner Selbsttäuschung.
Er hat mich ent-täuscht.

Ich tue meinem großen Sohn Unrecht.
Vielleicht nicht juristisch,
aber doch moralisch.

Aber wie kann ich mich ändern?
Wie kann ich mich in seinem Alltag,
in seinem Funktionieren,
in seiner Selbstverständlichkeit,
als den liebenden, freilassenden Vater zeigen?

Ich weiß es nicht.
Wie macht es Gott mit den Menschen?
Lässt er nur die Sünder seine Gnade spüren?
Bedarf es der Krise, damit ich seine Liebe und Nähe
wahrnehme,
oder geht das auch im Alltag, im gewohnten Trott?

Und wie machen das wohl die vielen anderen Eltern,
wie macht es mein Nachbar,
dass er seine Kinder die Liebe spüren lässt,
selbst in einer scheinbar heilen Welt?

Ich will darüber nachdenken.
Für meinen Sohn,
er bedarf meiner Liebe und Freude an ihm.

Juni

Man muss Gott mehr gehorchen
als den Menschen.
Apostelgeschichte 5,29

Ich sei nicht schön

Ich sei nicht schön,
hast Du gesagt.
Ich sei zu nichts nütze,
hast Du gesagt.
Ich sei nichts wert,
hast Du gesagt.
Woher nimmst Du Dir das Recht
zu werten, zu qualifizieren,
zu quantifizieren, zu kategorisieren?
Hat nicht jedes Leben auf Erden seinen Wert?
Sind wir nicht alle nach dem Abbild Gottes geschaffen?
Heißt Gottes Abbild nicht die ganze Bandbreite Gottes
Wirken?
Gott ist nichts fremd.
Auch er hat Zorn verspürt,
Ohnmacht, Unzufriedenheit.
So sehr, dass er ausgelöscht hat,
womit er unzufrieden war.
Hat neue Chancen vergeben,
hat neu erschaffen.
Und hat sich mit unserer Unzulänglichkeit abgefunden.
Hat mit uns Frieden geschlossen, auf Ewigkeit.
Erteilt uns seine Gnade.

So sind wir alle gemeinsam
Gottes Abbild.
Jeder von uns Teil des Ganzen,
mit allem, was uns ausmacht.
Erzähl Du mir nicht vom Wert meines Lebens.
Es hat. Wert. Immer.
Ich lege mein Leben in Gottes Hand,
in seine Gnadenzusage.
Dann kann ich sein.
Wie ich bin.
Ein Leben lang.
Und das kann auch genügen!

Am Brunnen vor dem Tore

Ein Brunnen vor dem Tore ist der Schauplatz dieser Geschichte. Still wie der Spiegel eines Brunnens, wenn der Schöpfeimer wartet, schlummern die alten Brunnengeschichten in der flirrenden Mittagshitze, raunen in der Tiefe von vergangener Lust und vergangenem Leid. Da nähern sich dem Brunnen zwei Menschen, ein Mann und eine Frau. Er sieht müde aus, als käme er von einer langen Winterreise. So lässt er sich am Brunnenrand nieder. Sie kommt wohl aus dem Dorf, um Wasser zu schöpfen, kennt sich aus in der Gegend.

Wer auch nur ein bisschen etwas von Dramaturgie versteht, weiß, dass hier eine Liebesgeschichte beginnt. Aber jetzt am Anfang ist sie noch voller Hindernisse. Denn die Frau ist eine Samariterin, in den Augen des Juden also eine religiöse Abweichlerin, der Mann nicht nur ein gewöhnlicher Zeitgenosse, der vielleicht großzügig über solche Unterschiede hinwegsieht, sondern ein gelehrter Rabbi mit einer Schar von Anhängern, die allerdings gerade einkaufen sind. Die Frau ist eine Sünderin, eine mit Männergeschichten, wie sich im weiteren Verlauf der Handlung noch herausstellen wird, der Mann ist wahrlich der Welt Heiland, wie es ganz am Ende des Kapitels von ihm heißt. Tiefer könnten die Klüfte kaum sein zwischen diesen beiden Menschen. Sie konnten zusammen nicht kommen, das Wasser war viel zu tief. Als wäre er ein Meer, liegt der Brunnen zwischen ihnen.

Aber dann entwickelt sich aus dieser scheinbar zufälligen Begegnung dieser wunderbare Dialog, der den Mann und die Frau in eine gemeinsame Geschichte verwickelt, in ein schier unerschöpfliches Gespräch, eines von der Sorte, wie man sie sich nur wünschen kann und das doch so selten gelingt, ein Gespräch, in dem man über die vielen Oberflächlichkeiten hinwegkommt und in eine Tiefe steigt, in der plötzlich die wirklichen Fragen des Lebens an- und ausgesprochen werden und aus der man bereichert und verändert hervorgeht.

Alles mit dem einfachen Satz: „Gib mir zu trinken!" Das ist naheliegend, wenn einer auf einem Brunnenrand sitzt, die Mittagssonne sticht und eine Frau mit einem Eimer neben einem steht, und ist doch gleichzeitig ganz unerhört. Denn Männer reden nicht mit Frauen, Juden nicht mit Samaritern. Die Frau reagiert erstaunt. Sie spricht aus, was ohnehin als Knistern in der Luft liegt: *„Wie, du bittest mich um etwas zu trinken, der du ein Jude bist und ich eine samaritische Frau?"* Sie sagt nicht nein. Sie lässt sich ein auf das, was vielleicht geschehen könnte.

Der Mann flirtet, umgibt sich mit einem Geheimnis. Er wirbt, er lockt. Er sagt zu der Frau: *„Wenn du erkenntest die Gabe Gottes und wer der ist, der zu dir sagt: Gib mir zu trinken, du bätest ihn und er gäbe dir lebendiges Wasser."* Die Frau nimmt die Fährte nicht gleich auf, die der fremde Mann ihr ausgelegt hat. Vielleicht geht ihr alles zu schnell. Noch hält sie sich an das, was konkret passiert und versucht es mit Humor. Mit einem schalkhaften Blitzen in den Augen sagt sie: *„Du hast doch gar nichts, womit du schöpfen kannst und der Brunnen ist tief. Was redest du also davon, du könntest mir zu trinken geben?"* Neugierig ist sie schon. Nur zu offensichtlich will sie dem geheimnisvollen Fremden nicht in die Falle gehen.

Jesus antwortet: „Wer von diesem Wasser trinkt, den wird wieder dürsten. Wer aber von dem Wasser trinkt, das ich ihm gebe, den wird in Ewigkeit nicht dürsten, sondern das Wasser, das ich ihm gebe, das wird in ihm eine Quelle des Wassers werden, das in das ewige Leben quillt."

So ist das also: Gott sitzt am Brunnenrand und wartet, bis wir vorbei kommen mit unseren Lebensgeschichten. Und bittet. Ganz schlicht. Er bittet uns, unser Leben mit ihm zu teilen, ihm etwas von uns zu geben. Gib mir zu trinken. Gib mir Zeit. Gib mir Anteil an dem, was dich umtreibt. Er-zähle! Schütte dein Herz aus wie einen Eimer. Das ist seine Art, sich uns bekannt zu machen. Er sieht in uns

Möglichkeiten, die wir noch gar nicht entdeckt haben. Er sieht in uns eine Lebendigkeit, die uns selbst noch verborgen ist. Er hört die verschütteten Quellen rauschen. Und überlässt es uns, sie zu entdecken.

Wir können nun antworten wie die Frau: „Lieber Gott, du hast doch gar nichts zum Schöpfen dabei und ich komme schon selbst zurecht, hab meinen Katechismus gelernt und ein paar Lebensregeln. Damit geht es schon!" Oder wir könnten ins Erzählen kommen. Erzählen von dem, was unter der Oberfläche liegt, unter dem Schmerz, verborgen hinter flotten Sprüchen oder einem freundlichen Lächeln. Uns bewegen lassen. Eine Quelle finden, unsere eigene Lebendigkeit.

Dann kann geschehen, was Jesus sagt: „Wer von dem Wasser trinken wird, das ich ihm gebe, den wird in Ewigkeit nicht dürsten, sondern das Wasser, das ich ihm geben werde, das wird in ihm eine Quelle werden des Wassers, das in das Ewige Leben quillt."

Bleibt uns mit der Frau zu antworten: Herr, gib uns solches Wasser!

Juli

Gott ist nicht ferne
von einem jeden unter uns.
Denn in ihm leben,
weben und sind wir.

Apostelgeschichte 17,27

Kleine Stärkung
für zwischendurch

Elia in der Wüste: abgeschlagen, matt, lebensmüde, lustlos. Und kein Urlaub in Sicht. Im Gegenteil: Gefahr ist im Verzug, und die Arbeit als Mann Gottes tut sich auch nicht von allein: Gemeindefeste sind zu organisieren, die Renovierungsarbeiten am Tempel müssen vorangebracht werden, das nächste Jubiläum sitzt auch schon im Nacken. Personalfragen sind zu klären. Langweilig wird's ihm nicht. Und für all seinen Eifer um die Sache Gottes, den er zweifellos an den Tag legt, muss er auch noch Kritik einstecken, erntet er Beschimpfungen und Vorwürfe. Wen wundert's, dass Elia einfach den Bettel hinschmeißen will. Es ist genug, sagt er sich. Das Maß ist voll! Nun reicht's! Und alles bei der Hitze! Da hilft nur noch eins: Er legt sich hin und schläft, nimmt auf seine Art Urlaub von der Welt. Ein Fluchtschlafen, um die böse Welt nicht mehr wahrnehmen zu müssen. Schlafen, damit einem wenigstens für eine Weile Hören und Sehen vergeht. Meistens sucht einen die Welt dann allerdings im Traum auf und heim. Nicht so bei Elia. Den rührt ein Engel an und sagt zu ihm: Steh auf und iss! Und er sieht sich um, und siehe, zu seinen Häupten liegt ein geröstetes Brot und ein Krug mit Wasser. Elia erlebt ein helles Wunder. Ein Engel erscheint ihm. Er redet ihm nicht ins

Gewissen und appelliert nicht an sein moralisches Grundgefühl. Er jammert ihm nicht die Ohren voll, wie sehr man ihn doch brauche. Er versucht es auch nicht auf die kameradschaftliche Tour: Nimm's nicht so schwer, das wird schon wieder! Der Engel rät zum Naheliegenden: Steh auf und iss. Stärke dich an Leib und Seele. Ruh aus und dann komm wieder zu dir. Und weil es so schön war und weil Gottes Wunder zuzeiten so sehr menschlich vonstattengehen, passiert das Ganze gleich noch ein zweites Mal: Als Elia gegessen und getrunken hatte, legte er sich wieder schlafen. Und der Engel des Herrn kam zum zweiten Mal wieder und rührte ihn an und sprach: Steh auf und iss. Das wünsche ich dir, dass du solche Rastplätze findest, wo mitten hinein in deinen Ärger und Frust, in deine Mattheit und Schlappheit eine zu dir sagt (es muss kein Engel sein): Komm, setz Dich, trinken wir ein Bier zusammen, komm, bleib zum Essen, komm, holen wir uns ein Eis, komm, gehen wir schnell zwischen zwei Terminen einen Cappuccino trinken....

Das wünsche ich Dir, dass einer zu Dir sagt: Kommt her zu mir alle, die ihr mühselig und beladen seid! So spricht der gute Gott selbst, der mehr zu bieten hat als Speis und Trank. Ich will euch erquicken, sagt Gott. Erquickung ist's, die der lebensmüde Elia erfährt von dem, der den Müden Kraft und Stärke genug den Unvermögenden gibt. Du hast einen weiten Weg vor dir. Mit diesen Worten des Engels endet die Geschichte. Du hast einen weiten Weg vor dir, darum stärke dich: Iss und trink und habe guten Mut! Dein Gott, der Ursprung aller Ding, ist selbst und bleibt dein Gut.

August

Neige, Herr, dein Ohr und höre!
Öffne, Herr, deine Augen und sieh her!
2. Könige 19,16

Ich seh den Sternenhimmel

Er war aufgestanden mitten in der Nacht und vor sein Zelt getreten. Dort starrte er suchend in den sternenübersäten Nachthimmel. Die Luft war mild und die Nacht klar. Einige Sternbilder fand er und murmelte leise deren Namen vor sich hin: „Großer Bär, komm herab, zottige Nacht, Wolkenpelztier mit den alten Augen, Sternenaugen." Das beruhigte ihn, aber nur für kurze Zeit. „Geh!" Schon seit Wochen hörte er diese Stimme. Am Tage war sie schwächer, ging zuweilen gänzlich unter in den Tagesgeschäften oder wurde lautstark übertönt von den anderen Stimmen seiner Frau, die ihn zum Essen rief, oder seines Neffen Lot, der mit großer Hingabe an ihm hing und immer viele Fragen hatte. Aber nachts, wenn endlich alle Geräusche verstummt waren und er die ruhigen Atemzüge Saras neben sich auf dem Lager hörte, plagte sie ihn mit regelmäßiger Hartnäckigkeit. „Geh!" Er stand dann auf und trat leise vor das Zelt, aber dort war die Stimme noch um ein Vielfaches lauter, so als käme sie direkt vom Himmel. „Geh!" Er schloss die Augen, aber auch mit geschlossenen Augen hätte er ein genaues Bild der Landschaft zeichnen können, die ihn umgab. Die Ebene, die Senke, die Hügel, das Weideland. Jeder Baum, jeder einzelne Strauch war ihm vertraut von Kindesbeinen an. Hier war seine Heimat. Er kannte ihre Geräusche, ihre Gerüche, den Geschmack der Jahreszeiten.

„Geh!" Wieder die Stimme, so laut, dass er erschrak, die Augen öffnete und sich umsah. Er wusste, sie würde keine Ruhe geben, sich nicht zum Schweigen bringen lassen. Sie wartete auf Antwort. Er musste sich entscheiden. Der Jüngste war er nicht mehr. Mit vielem hatte er sich bereits abgefunden. Am Schmerzlichsten von allem damit, dass er keine Kinder hatte, keinen Sohn. So war ihm sein Neffe Lot im Lauf der Zeit zum Sohn geworden. Der war anhänglich und verständig und hatte noch nie Schwierigkeiten gemacht. Längst hatte er sich mit dem Gedanken arrangiert, dass dieser Neffe ihn eines Tages beerben würde. Aber seit er nachts diese Stimme hörte, war ihm, als triebe sie tags einen Keil zwischen ihn und Lot. Er sah ihn an wie einen Fremden, und oft war er ohne Grund gereizt. Auch mit Sara war er unzufrieden und betrachtete sie insgeheim wieder voller Vorwürfe, so wie früher, als er noch daran geglaubt hatte, dass sie eines Tages schwanger werden musste.

„Geh!" Es lockte ihn, die Herausforderung anzunehmen. Er fühlte, dass er es machen würde. Gehen. Weggehen. Aufbrechen ins Ungewisse. Nicht wissen, was morgen sein würde und nächstes Jahr um diese Zeit. Den Platz nicht kennen, an dem er begraben sein würde, lebendig oder tot. Noch einmal neu anfangen. Alles auf's Spiel setzen, um alles zu gewinnen. Abhauen wollte er nicht. Nicht heimlich bei Nacht und Nebel auf und davon. Das nicht. Sie würden mitgehen. Sara, seine Frau, und Lot, sein Neffe. Sie waren Teil des Plans. Er war sich jetzt ganz sicher. Langsam wich die Unruhe der letzten Wochen und Monate und machte einer tiefen Gewissheit Platz. Und da war die Stimme wieder, so deutlich wie nie zuvor. Sie sprach zu ihm: „Geh aus deinem Vaterland und von deiner Verwandtschaft und aus deines Vaters Haus in ein Land, das ich dir zeigen will. Und ich will dich zum großen Volk machen und will dich segnen und dir einen großen Namen machen, und du sollst ein Segen sein. Ich will segnen, die dich segnen, und verfluchen, die dich verfluchen; und in dir sollen gesegnet werden alle Geschlechter auf Erden." Abraham lauschte in die Dunkelheit. Nach einer Weile, als er nichts weiter vernahm, nickte er der Stimme feierlich zu. Ja, so sollte es sein.

September

Ihr sät viel und bringt wenig ein;
ihr esst und werdet doch nicht satt;
ihr trinkt und bleibt doch durstig;
ihr kleidet euch, und keinem wird warm;
und wer Geld verdient,
der legt's in einen löchrigen Beutel.
Haggai 1,6

Gespräch mit Gott

Eines Tages,
gerade, als ich spazieren gehen wollte,
klopfte es an meine Tür.
Da stand Gott und bat um Einlass.
Da gerade Quarantäne war,
hatte ich eh Zeit.
Und ließ ihn hinein.
Da stand er nun und sah sich um ...
Was bietet man Gott an? Gänsewein?
Danke, ich brauche nichts, lächelte er.
Oh, Gedankenleser, dachte ich, was auch sonst.
Wir schwiegen.
Schön hast Du es hier, sagte er.
Fieberhaft überlegte ich, was er wohl von mir will....
Ich wollte mal nach Euch sehen, antwortete er,
Was Euch so bewegt, da unten.
Nichts bewegt sich, denke ich,
weil sich sonst alles immer bewegt.
Deshalb bewegt sich jetzt nichts mehr.
Stillstand. Rückbesinnung. Auf das Wesentliche.
Was ist für Dich das Wesentliche?
Er schaute mich fragend an ...
Mich selber aushalten,
freundlich zu anderen zu sein.

Und neugierig sein, auf Altes, Neues und Jeden.

Zu schätzen, was man hat.

Loslassen, was man nicht will und nicht geht.

Zeit haben, für andere und sich selbst.

Ich schaute ihn fragend an ...

Gut, sagte er. *Liebst Du Dich?*

Ich liebe meinen Mann, meine Kinder,

manche meiner Freundinnen,

die kann ich alle nicht wegdenken aus meinem Leben.

Aber mich?

Ja, doch, manchmal, antworte ich.

Kannst Du Dir selbst verzeihen?

Meine Ungeduld? Meine Vergesslichkeit?

Hier und da eine kleine Eitelkeit?

Ich schaue zu Boden.

Ja, doch, manchmal, antwortete ich.

Er schaute mich ernst an.

Wenn Du Dich selber lieben kannst,

trotz all Deiner Schwächen,

wenn Du mit Dir selber gnädig sein kannst,

dann kannst Du spüren, was andere bewegt.

Es fängt immer bei Dir selber an.

Ja, denke ich. Gedankenverloren blicke ich nach draußen.

Ich hätte jetzt Zeit, darüber nachzudenken.

Ist gerade Quarantäne-Zeit.

Hereinspaziert!

Wer zu mir kommt, den werde ich nicht hinausstoßen

Johannes 6,37

Wer da bedrängt ist findet
mauern, ein
dach und
muss nicht beten.

Das hat Reiner Kunze geschrieben. Über ein Pfarrhaus in der DDR. Das hat mir immer gefallen. So ein gastlicher Ort. Eine Zufluchtsstätte. Freiheit und Geborgenheit. Ein offenes Haus. Inzwischen habe ich selbst ein Pfarrhaus. Es hat Mauern und ein Dach. Und eine Tür. Die Mauern sind dick. Das Dach ist nicht isoliert. Es klingelt an der Tür. Wahrscheinlich ist es Freitagnachmittag. Alle Ämter haben geschlossen; die meisten Beratungsstellen auch. Ein langes Wochenende steht bevor. Wer jetzt kein Haus hat, baut sich keines mehr. Freitag, Samstag, Sonntag. Ach wenn es doch erst wieder Montag wär'. Die Kinder sollen nicht aufmachen, wenn es klingelt. Man weiß ja nie. Die Tür vom Pfarrhaus hat einen Spion. Wenn ich mich auf leisen Sohlen anschleiche, kann ich erst mal schauen, wer dasteht. Vielleicht ist es der Postbote. Spät dran. Oder die Nachbarin. Überraschung! Oder ein Freund der Kinder. Einfach so.

Meistens aber nicht. Es ist ein unbekannter Mann. Nicht eben gepflegte Erscheinung. Ich frage mich, ob ich zuhause bin. Habe ich jetzt Sprechstunde? Muss ich nicht die Sonntagspredigt schreiben? Ich bin skrupulös. Es klingelt noch einmal. Da öffne ich die Tür. Mein Vater, wenn er es wäre, der dasteht, würde sagen: „He, ich bin's. Du kannst dein Amtslächeln absetzen. Störe ich?" Mein Vater kennt mich genau. Und er hat Humor. Der Mann vor der Tür hat keinen Humor. Er hat Sorgen. Er fragt: „Ist der Herr Pfarrer nicht da?" Das ist gefährlich. Das macht mir ein Hintertürchen auf. Das öffnet ungeahnte Fluchtmöglichkeiten. Denn ich könnte jetzt sagen: „Nein, tut mir leid, der Herr Pfarrer ist nicht da." Und das wäre nicht einmal gelogen. Also sag ich's. Und füge schnell hinzu: „Aber ich bin auch Pfarrerin. Vielleicht kann ich Ihnen helfen?" Das wird der Mann als Einladung verstehen, mir seine Geschichte zu erzählen. Es wird eine abenteuerliche Geschichte sein. Kein Mensch könnte nachprüfen, was wahr ist und was nicht. Er ist ein armer Kerl. Er ist beschissen dran. Und beschissen worden. Er braucht Geld für eine Fahrkarte zu einem mittelstreckenweit entfernten Ziel, weil sich just dort die Person befindet, die allein ihm jetzt noch helfen kann. Es ist kalt. Es zieht durch die Tür ins Pfarrhaus, hinter die dicken Mauern, wo sich die Kinder streiten. Ich sollte da jetzt einschreiten und Frieden stiften. Und einen Stock höher, unterm sicheren Dach, wartet mein Schreibtisch auf mich. Die Bibel, das Wort. „Nein", muss ich ihm sagen, und das Amtslächeln nimmt einen bedauernden Zug an, Bargeld kann ich ihm nicht geben, und eine Fahrkarte nur für die Straßenbahn in die Stadt. Oder einen Einkaufsgutschein für den Supermarkt um die Ecke? Das ginge auch. So sind nun mal die Regeln. Er schaut mich verständnislos an. Er tischt mir eine neue Variante seiner Geschichte auf. Er muss unbedingt weg von hier. Er kann mir das Geld auch zurückzahlen. Es wäre nur geliehen. Wenn er erst dort angekommen ist, wo er unbedingt hinwill, wird alles gut. Ganz bestimmt. Er redet ohne Unterbrechung. Er hat Zeit. Es hat keinen Sinn. Ich bereite meinen Rückzug vor. Er wird mir nicht den Gefallen tun, sich abwimmeln zu lassen. Er wird da stehen bleiben und reden. Ich werde ihn stehen lassen müssen. Die Tür vor der Nase zu. Vielleicht sogar, während er noch spricht. Nach neuen Erklärungen sucht, die mich vielleicht überzeugen. Oder auch nur am Weggehen hindern. Zurück hinter die dicken Mauern. Unter das schützende Dach. Und muss nicht beten. Komm, Herr Jesus, sei du unser Gast…

Der hatte kein Pfarrhaus. Keine Mauern. Kein Dach. Ob es ihm deshalb so leichtfiel, die Tür zu öffnen? Jesus Christus spricht: „Wer zu mir kommt, den werde ich nicht abweisen." Keine Vertröstungen. Keine Ausflüchte. Keine Alternativangebote. Nie wieder Steine statt Brot.

Wer da bedrängt ist, findet Zuflucht im Hause des Herrn und darf bleiben.

Wieder dabei sein

Diese Frau – alter Mantel. Das Gesicht faltig, gezeichnet vom Leben und doch von anmutender Schönheit. Die Geschichte des Lebens in sich tragend. Sie ist nie gerade leise. Sie ruft. Manche sagen sogar sie pöbelt. Ob sie bei Sinnen ist, ist schwer auszumachen. So fährt sie durchs Dorf. Die Menschen bleiben stehen, schauen ihr kopfschüttelnd nach, wechseln die Straßenseite. Bloß nicht zu nahekommen. Klauen soll sie ja auch. Ein Gruß bleibt aus.

Sonntags sucht sie manchmal die Nähe zur Kirche. Nur selten traut sie sich hinein, dabei hat sie doch alles einmal gelernt in der Taufunterweisung, besitzt Bibel und Gesangbuch. Doch wenn sie die Kirche zum Gottesdienst betritt, tuscheln die ersten, andere schauen ernst. Dass sie wohl ja nicht stören wird. Meist verlässt sie nach kurzer Zeit das Gottes Haus – nicht selten laut schimpfend, klagend.

Dann sitzt sie draußen auf der Wiese. Blättert im Gesangbuch, hört durch die dicken Mauern leise die Orgel. Sie gehört zum Dorf, aber sie ist doch wie eine Aussätzige. Viele reden über sie, wenige mit ihr. Sie alle wissen Bescheid über Alkohol, Drogen, Psychosen und Macken. Sie gehört dazu und doch sie ist außen vor – sogar im Gottesdienst.

Wie mag es für sie sein? Am Rande des Dorfs lebt sie, in der Kälte, allein und einsam. Die Gesellschaft lebt ohne sie. Die Dorfgemeinschaft hat klare unausgesprochene Grenzen.

Der biblische Aussätzige – Lo-Ruhama

Lo-Ruhama geht es auch so. Auch er lebt draußen vor dem kleinen Dorf am See Genezareth. Er darf es nicht betreten. Zwanzig Jahre schon haust er dort in einer kleinen Hütte. Tagsüber ist es heiß, nachts bitter kalt. Manchmal sieht er Menschen die Straße entlanglaufen, dann ruft er laut: „Unrein, unrein!" Und die Menschen wechseln die Straßenseite. Reden oder schweigen. Es jammert sie nicht, die Menschen sorgen sich allein um ihre Reinheit, mit Lo-Ruhama haben sie kein Erbarmen.

Er lebt von Almosen, die ihm am Dorfrand abgelegt werden. Seit Jahren hat er mit keinem mehr gesprochen. Für seine Familie und das Dorf gilt er als lebendig Toter. Ein Toter, an dem das Leben tagtäglich achtlos vorbeigeht.

Dann die Schmerzen – die eitrigen Wunden brennen, die Bewegungen fallen ihm schwer. Und die Einsamkeit, die Beziehungslosigkeit, die Ächtung der Gesellschaft nagt an ihm. Er ist der Verzweiflung nah. Nur ein Wunder kann ihm jetzt noch helfen.

Grenzüberschreitung

Eines Tages kommt ein Mann die Straße entlang. Schon öfter hatte er aus der Ferne Gesprächsfetzen aufgenommen, die von einem mit großem Herzen zeugten. Ist er das? Könnte es dieser Mann sein, der da die Straße entlang ging?

Der lebendig Tote setzt alles auf eine Karte. Er läuft zur Straße. Wortlos. Schreilos. Kein „Unrein, unrein!" kommt über seine Lippen. So wirft er sich vor dem Mann flehend auf die Knie: „Willst du, so kannst du mich reinigen!"

Die ausgestreckte Hand des Zorns

Jesus aber packt der Zorn. Erregt sieht er auf den jammernden Mann vor ihm, erregt sieht er auf die Frau im alten Mantel und dem faltigen Gesicht.

Es ist der Zorn des Herzens – Mitleid, Jammer und Zorn über den sozialen Tod, den sozialen Mord an diesen beiden Menschen?

Voll Zorn streckt er die Hand aus, berührt ihn sogar: „Ich will's tun, sei rein!"

Zum ersten Mal seit zwanzig Jahren spürt Lo-Ruhama Barmherzigkeit. Der Aussatz ist gewichen, er fühlt sich rein. Und die Frau – dieser ist nicht weggelaufen, hat nicht die Straßenseite gewechselt, hat nicht gedroht. Dieser hat ihr die Hand entgegengestreckt.

Die verborgen-offenbare Re-Integration

Doch ein Einzelner vermag nicht viel. Ein Freundlicher allein bewirkt keine soziale Auferstehung von den Toten, keine Reintegration. Kaum geheilt wird Lo-Ruhama von dem Mann auf der Straße, von Jesus weggedrängt und angefahren: „Erzähle niemandem etwas von mir. Schweige! Tu, was zu tun ist, nach dem Gesetz. Geh zum Priester, opfere und danke. Aber schweige über das Geschehene."

Entschiedene Bescheidenheit! Da will einer im Verborgenen bleiben. Geheimnisvoll wie der großzügige Spender. Will nicht belagert werden, will selbst nicht ausgeschlossen sein. Auch Ruhm kann zum Aussatz werden und auch Wundertaten und die Solidarität mit den Opfern können zum sozialen Ausschluss werden.

Lo-Ruhama aber ist voll Freude. Jetzt noch schweigen, wo er all die Jahre einsam, schweigend in der Hütte gesessen hat? Jetzt schweigen, wo doch Leben auch Kommunikation ist? Jetzt schweigen, wo er, der einst lebendig Tote, lebt?

Nein, er erzählt es überall. Erzählt von dem Mann auf der Straße. Erzählt von dessen Zorn über die soziale Ächtung der Kranken, über die Schmähung dieser Gotteskinder, über ihren sozialen Tod und die kalte Einsamkeit. Und erzählt, wie dieser Mann voll Zorn ihm die Hand ausgestreckt hat und der Aussatz wich. Wie der Zorn die Gesellschaft verändern kann.

So wird es vielleicht auch die Frau erzählen, wenn ihr einmal einer im Dorf freundlich begegnet. Ihr zuhört, nicht wegschaut, nicht die Straßenseite wechselt. Ihre Sorgen und ihre Qualen nicht als Störung der eigenen Sehnsucht nach heiler, geordneter Welt wahrnimmt, sondern als ein Kunstwerk, wie bunt das Leben ist.

Die gebrochene Einsamkeit des zornigen Wundertäters

Die Geheilten können nicht schweigen, nach Jahren des Rückzugs, des Ausschlusses, nach den Jahren auf Krankenlagern und in Anstalten. Es drängt sie, die Heilung bekannt zu machen. Es drängt sie in die Dörfer.

Der geheimnisvoll zornige Wundertäter aber zieht sich zurück. Er meidet die Dörfer, sucht einsame Orte. Das Wunder bleibt Geheimnis. Der Mann bleibt Geheimnis. Jesus bleibt Geheimnis. Gott bleibt Geheimnis. Und doch, das Volk sucht ihn. Geht an die einsamen Orte, um in seiner Nähe etwas von diesem Geheimnis zu finden.

Ist aber dieser Geheimnisvolle vielleicht auch nur die Frau im Dorf und der Aussätzige draußen vor dem Dorf? Begegnet uns dieser Geheimnisvolle nicht vielleicht doch in dem Sterbenden mit den tröstenden Worten für die Abschied nehmenden Angehörigen? Begegnet uns dieser Geheimnisvolle nicht vielleicht doch in dem Mitschüler, dem Mitkonfirmanden, dem Mitchristen, der so komisch, so anders ist, dass wir ihn nicht verstehen?

In dem Dorf des Aussätzigen jedenfalls ist einiges in Bewegung geraten. Sie haben ein Wunder erlebt, der Sohn, auf dem kein Erbarmen lag, ist wieder da, ist aufgenommen, rein. Ist das ein Zeichen, ein Denkanstoß – zum Zorn, zur Empörung und auch zur Einladung an die Frau mit dem Mantel und dem faltigen Gesicht, ihr die Hand entgegenzustrecken aus Liebe zum Geheimnis des Lebens?

Jahre nach diesem Wunder auf der Straße vor dem Dorf aber schreibt der Evangelist Markus diese Geschichte auf:

Und ein Aussätziger kommt zu Jesus, bittet ihn kniefällig und spricht zu ihm:

Wenn du willst, kannst du mich rein machen.

Und voll Zorn streckte er seine Hand aus, berührte (ihn) und sagt ihm:

Ich will, sei rein!

Und sogleich wich der Aussatz von ihm, und er war rein. Und er fuhr ihn an, drängte ihn sogleich hinaus und spricht zu ihm:

> *Sieh' zu, dass du keinem etwas sagst, sondern geh', zeige dich dem Priester, und opfere für deine Reinigung, was Mose vorgeschrieben hat, ihnen zum Zeugnis!*

Er aber ging hinaus, begann eifrig zu verkünden und das Wort bekannt zu machen, so dass er nicht mehr öffentlich in eine Stadt hineingehen konnte, sondern draußen an einsamen Orten blieb. Und sie kamen von überall her.

Markus 1,40-45

Oktober

Lasst uns aufeinander achthaben
und einander anspornen zur Liebe
und zu guten Werken.
Hebräer 10,24

Knappheit und Fülle

Da sitzt sie also die große Menge und hat nichts zu essen. Sie hungern, sie klagen, sie hoffen auf Nahrung für Leib und Seele. Deshalb haben sie sich ja in diese Einöde begeben. Um Jesus zuzuhören. Und nun sitzen sie da jenseits der Grenzen – im Heidenland, in der Fremde und haben Hunger.

***

Deborah steht auch in der Einöde. Sie steht vor den Ruinen ihres Lebens. So schön hatte sie es sich erträumt: Das Haus am Waldrand mit Blick auf den Pazifik. Dann kam die Trockenheit. Dann kam das Waldsterben – immer mehr trockenes Totholz. Dann kamen das Feuer und der Wind. Jetzt steht sie in der qualmenden Einöde, die früher mal ein Paradies war. Die ganze Siedlung abgebrannt. Deborah hat Hunger.

***

Die Welt hat Hunger. Immer mehr Hunger! Immer mehr – immer mehr – übergewichtigen Hunger. Und ich höre die Toten Hosen singen:

Was für 'ne blöde Frage, ob das wirklich nötig ist
Ich habe halt zwei Autos, weil mir eins zu wenig ist

Sie passen beide in meine Garage, für mich ist das Grund genug
Was soll ich sonst in diese Garage neben meiner Riesen-Villa tun?

Die Geräte für den Swimmingpool liegen schon im Gartenhaus
Und die Spielzeugeisenbahn ist im Keller aufgebaut
Jeden Sonntag zähle ich mein Geld und es tut mir wirklich gut
Zu wissen wie viel ich wert bin und ich bin grad hoch im Kurs
Ich hatte mehr Glück als die meisten, habe immer fett gelebt
Und wenn ich wirklich etwas wollte, habe ich's auch gekriegt!

Warum werde ich nicht satt?

***

Auf dem Feld in der Einöde lagert die Menge. Sie hockt da: erschöpft, müde, leer. Eine Menge Menschen – auf Abstand. Eine Menge ist noch keine Gemeinschaft. Nein, jeder für sich, so hocken sie da, wie die Menschen in den Kreidekreisen auf der Neckarwiese. Jeder hat seine eigenen Bedürfnisse gestillt. Hauptsache, mir geht es gut. Und so haben sie gar nicht gemerkt, wie sie im Wettlauf um die Gunst der Stunde, im Wettbewerb, um immer mehr Wachstum, einer Logik der Trennung gefolgt sind, in der sie immer mehr auf Kosten anderen Lebens gelebt haben. Erst waren es die großen Landtiere. Dann waren es die Wälder, zuletzt die Bienen, und jetzt brennt es. Dürre, Durst, Flucht! Der Mensch hat unstillbaren Hunger.

Hier auf dem Feld in Jesu Nähe hoffen sie auf den Neu-anfang, auf die Wende.

***

„Mich jammert das Volk, denn sie harren nun schon drei Tage bei mir aus und haben nichts zu essen."

Drei Tage Hunger. Drei Tage Tod. Es wird Zeit für den Anfang. Das Volk jammert Jesus. Er kann nicht drüber hin-wegschauen. Er sieht das Leiden. Er sieht den Hunger. Er ist emotional ergriffen. Aber woher in dieser Einöde das Brot nehmen.

***

Jesu Ergriffenheit und seine Ernüchterung. Auch Deborah sah in den letzten Jahren viele Brände. Viel hat sie mit Nachbarn und Kollegen diskutiert: Ist es der Klimawandel? Ist es die Maßlosigkeit des Menschen, der dem Wachstum keine Grenzen setzt? Oder ist es einfach nur die Schuld der Förster, wie ein Präsident urteilte? Sie fühlt sich ohnmäch-tig, denn sie weiß genau, was es bräuchte. Sie merkt nur: „Die Welt ist Teil von mir, so wie ich ein Teil von ihr bin. Was der Welt geschieht, geschieht in gewissem Sinne auch mir. Ich erkenne, dass das, was den andern geschieht, allen Eingesperrten, allen Bombardierten, allen Verschleppten, allem Abgeholztem, allem Verschmutzten und Ausgerotteten, genauso mir selbst geschieht. Ich bin mittendrin!"

Aber jetzt hier in der Einöde sind die Lösungen seltsam fern. Was kann sie jetzt noch tun? Sie hat doch nichts mehr in den Händen. „Was haben wir noch?"

**

„Wir haben sieben Brote!" Die Antwort der Jünger, ein Hoffnungsschimmer, vielleicht nur ein kleiner Anfang oder nur ein Tropfen auf den heißen Stein?

Sieben Brote für 4000 Menschen. Der Wandel beginnt mit wenig. Es braucht nicht viel, um die Welt zu verändern. Nur Mut. Nur Entschlossenheit. Nur einer den Wandel anstößt.

„Und Jesus gebot dem Volk, sich auf die Erde zu lagern."

**

Auch Deborah sieht die Hoffnungszeichen. Da ist noch etwas übrig in der Asche des Lebens. Sie hat noch ein Foto. Sie hat noch etwas Brot und ein paar Äpfel liegen dort zwischen den Kohlen. Sie ruft ihre Nachbarn zusammen. Die Not der Erde lässt die Menschen zusammenrücken. Welternährungstag gegen den Hunger, Weltklimatag gegen den Klimawandel, Weltspartag gegen den grenzenlosen

Konsum, Erntedankfest für das Bewusstsein. Wir leben nicht nur aus uns selbst und für uns selbst.

Sie lagern sich. Hoffnungsvolle Gemeinschaft in der Stille. Zeit für einen neuen Anfang.

***

Dann teilten sie die sieben Brote. Alle aßen gemeinsam. Alle wurden satt. Ein neues Miteinander. Die, die eben noch vereinzelt dastanden, die nur ihren Interessen folgten, teilen miteinander. Wo Menschen miteinander teilen, wo sie miteinander essen, wird aus der Logik der Trennung eine Logik der Verbundenheit.

***

Deborah sitzt inmitten der Gemeinschaft, noch blicken sie in die Asche ihres Lebens und sehen doch den aufblühenden neuen Anfang. Vielleicht kommt die Einsicht in die Verbundenheit mit der Natur spät, aber sie kommt doch nicht zu spät. Aus der Asche der Katastrophe werden sie neu auferstehen. Die drei Tage des Hungers in der Einöde sind vorbei. Jetzt ist die Zeit für die Auferstehung. Zeit für die Umkehr zurück in die Zukunft. Eine Zukunft neuer Verbundenheit mit Liebe zur Schöpfung, mit Liebe zu den Tieren, mit Liebe zu den Menschen.

Dass alle etwas geben, dass alle miteinander in Gottes Schöpfung leben können, dass es den Jammer gibt und die Reue, die Barmherzigkeit und Güte, das sind Gründe zur Dankbarkeit.

Der Mensch hat die Schöpfung ausgelaugt. Er bringt sie an den Rand des Kollapses, mit seiner Gier nach Profit, mit seinem Geiz, gerechte Preise zu zahlen. Und doch, da ist Jesu Jammer und Jesu Zuversicht: Das Wunder der Gerechtigkeit, das Wunder, dass alle satt werden, braucht die Verbundenheit von Mensch und Mensch, von Mensch und Tier, von Mensch und Natur.

Für dieses Wunder braucht Gott den Menschen. Er braucht ihn als Gärtner und Bewahrer der Schöpfung. Er braucht ihn, damit das göttliche Versprechen, dass Saat und Ernte nicht vergehen, lebendig bleibt.

***

Und als sie das Essen beendet hatten und alle satt waren, da sammelten sie die übrigen Brocken auf, sieben Körbe voll. Wo der Mensch aus Güte und Liebe teilt, und nicht nur an sich selber denkt, da wächst es, da wird es mehr. Und er ließ sie gehen.

Anmerkung:

Im Sommer 2020 malte die Stadt Heidelberg Kreidekreise auf die Neckarwiese, um während der Corona-Pandemie den Menschen dort Orientierung zum Abstandhalten zu geben.

November

*Der Herr aber richte eure Herzen aus
auf die Liebe Gottes
und auf das Warten auf Christus.
2. Thessalonicher 3,5*

Ein Auftrag

Nein, diesen Auftrag wollte Jona nicht annehmen.
Sollte Gott sich doch selber darum kümmern.
Was ging *ihn* das an?
So macht er sich auf und davon,
mit dem Schiff.
Will sich dem Einflussbereich Gottes entziehen.
Ob Gott das zulassen wird?
Und Gott will sich ihm zumuten.
Jona schläft unter Deck,
merkt nicht, dass da ein Sturm losbricht,
dass die Besatzung um deren Leben kämpft,
dass Schiffsladung über Bord werfen
keine Erleichterung bringt,
dass Flehen um der Götter Beistand nicht hilft.
Sie wecken ihn, befragen ihn, fordern von ihm,
seinen Gott anzurufen.
Ist es seine Schuld?
Hat er seinen Gott erzürnt?
Er erkennt es, weiß es,
bietet an, Verantwortung zu übernehmen,
in die Fluten zu gehen.
Aber sie wollen diese Schuld nicht auf sich nehmen,
rudern, kämpfen gegen den Sturm an
und müssen doch klein beigeben,

in aller Demut, in Bitte um Gnade.
Er stürzt ins Meer, sinkt ab,
merkt, wie es um ihn ruhig wird.
Und er wird aufgenommen,
in Dunkelheit, in Trockenheit;
kann wieder atmen, merkt,
wie er zur Ruhe kommt,
wie er geborgen ist in Gottes Hand,
wie er dankbar ist, ob seiner Rettung,
wie er bereit wird – für Gottes Auftrag.
Wie er ausgespuckt wird am Strand.
So nimmt er den Weg auf sich, geht nach Ninive.
Erzählt von Gottes Zorn,
von den 40 Tagen, die bleiben.
Und der König erschrickt,
und handelt und weist an,
lässt Buße tun und tut Buße.
Mensch und Tier.
Im Vertrauen auf Gottes Gnade,
in der Hoffnung auf Gottes Wohlgefallen.
Und Gott erkennt und erkennt an
und freut sich und wird milde im Herzen.
Und Jona?
Zürnt Gott.
Dafür ist er umgekehrt und hat sich bekehren lassen?

Warum zieht Gott es nicht durch?
Immer androhen und dann einen Rückzieher machen?
Und Jona?
Stapft beleidigt davon, flieht vor die Stadt.
Setzt sich in den Schatten von Gottes Rizinusbaum,
beobachtet die Stadt, was da kommt.
Voller Groll. Voller Unverständnis. Voller Ungeduld.
Die Staude verdorrt durch einen Wurm,
die Sonne piesackt ihn,
er ist am Ende,
fühlt sich benutzt,
fühlt sich unverstanden.
Und er zürnt Gott wegen der verdorrten Staude,
wegen seiner Milde, wegen seiner Menschenliebe.
Und Gott?
Schaut ihn liebevoll an,
sieht ihn in seinem Zorn und Unverständnis,
sieht, dass er nicht über seinen Schatten springen kann.
Und setzt in Relation
den Ärger über eine verdorrte Staude
gegen den Tod von hundertzwanzigtausend Menschen
und Tieren.
Die es nicht besser wissen?
Die zur Umkehr fähig sind?
Die sich auf Gott einlassen können?

Kann er sich darauf einlassen?
Auf diesen versöhnenden und versöhnlichen Gott?
Können wir uns darauf einlassen?
Können wir uns versöhnen,
anderen vergeben
und uns selbst auch?

nach dem Buch des Propheten Jona

Gebet

Wie
kann ich glauben,
wenn der Zweifel in meiner Seele pocht.

Wie
kann ich beten,
wenn ich nicht zur Ruhe komme.

Wie
kann ich loslassen,
wenn die Schuld mich erdrückt.

Wie
kann ich hoffen,
wenn mein Herz schwer ist und sein Pochen alles andere
übertönt.

Du sagst
„fürchte Dich nicht"
aber ich fürchte mich:

vor dem Leben, vor meiner Verantwortung, vor Unge-
rechtigkeit, vor meiner Mutlosigkeit.

Hier bin ich, mühselig und beladen.
Hungrig nach Gerechtigkeit,
Friedfertig und gerechtigkeitsliebend.
Lass mich wohnen in Deinem Haus,

Lass mich Kraft und Besonnenheit spüren,
Lass mich Deine Gnade spüren,
heile mein zerbrochenes Herz
Verbinde meine Wunden
damit ich leben kann,
in Dir, mit Dir und mit mir.

Amen.

Ende gut, alles gut

Am Ende wird alles gut. Wenn es nicht gut ist, dann ist es noch nicht das Ende. Oft bin ich hin und her gerissen, was ich von diesem Spruch halten soll. Aber zur biblischen Geschichte von Josef und seinen Brüdern scheint er zu passen. Denn dort wird am Ende alles gut.

Manchmal ist das auch im wirklichen Leben so, dass zerstrittene Geschwister am Sterbebett eines Elternteils wieder den Weg zueinander finden. Der Tod eines Familienmitglieds setzt neue Dynamiken frei, bringt verhärtete Fronten ins Wanken und manchmal zum Einstürzen. Das ist aber nicht zwangsläufig so. Ich erlebe auch, dass verfeindete Parteien getrennt rechts und links in der Friedhofskapelle sitzen. Und auch nach der Beisetzung kein Wort miteinander reden. Auf jeden Fall zwingt der Tod eines Familienmitglieds die Hinterbliebenen, sich noch einmal neu ins Verhältnis zu setzen, besonders, wenn es das Familienoberhaupt ist, das gestorben ist.

Die elf Brüder in der biblischen Geschichte von Josef wissen das. Ihr Vater Jakob ist tot, und sie fürchten sich vor der Dynamik, die jetzt ins Rollen kommen könnte. Sie haben Angst, dass Josef Rache nehmen, eine späte Vergeltung üben könnte, jetzt, wo der nicht mehr ist, dessen Liebling er war. Es liegt zwar fast ein Menschenleben zurück, aber sie haben ihm übel mitgespielt. In ein Brunnenloch haben sie ihn seinerzeit geworfen, um ihn verhungern und verdursten zu lassen. Schließlich haben sie ihn an eine vorbeiziehende Karawane in die Sklaverei verkauft. Das war schlimm genug. Aber noch nicht genug. Dem Vater zuhause haben sie vorgegaukelt, ein wildes Tier hätte seinen Liebling zerrissen und als gefälschten Beweis haben sie ihm einen blutverschmierten Rock untergejubelt. Mit dieser Lebenslüge haben sie es lange ausgehalten. Vermutlich hätten sie sie sogar irgendwann mit ins Grab genommen, wenn nicht alles ganz anders gekommen wäre.

Eine Hungersnot zwingt sie etliche Jahre später nach Ägypten. Dort wollen sie Getreide kaufen, und dort begegnen sie dem inzwischen zu Ansehen gekommenen Bruder wieder. Von allem, was Josef in Ägypten durchgemacht hat, von den verwickelten und verschlungenen Wegen seiner Lebensgeschichte, von den vielen Endpunkten, an denen er angekommen war, ahnen sie nichts. Aber in der Not wird Josef zum Lebensretter für die am Hungertuch nagenden Brüder. Es nimmt ein gutes Ende. Die Brüder versöhnen sich.

Doch nun mischt der Tod des Vaters die Karten noch einmal neu. Die Brüder wissen, dass Schmerz manchmal Dinge an die Oberfläche schwemmt, die längst vergeben und vergessen schienen. Auch Josef, der Großherzige, der von Gott Geführte, kann eingeholt werden von den Verletzungen, die sie ihm zugefügt haben, von Wut und Bitterkeit über ihre Machenschaften. Hinter der Angst der Brüder steht die tiefe Einsicht und Lebenserfahrung, dass von erlittenem Unrecht her auch die besten Absichten blockiert werden können. Was können sie tun?

Sie erinnern Josef an den gemeinsamen Gott. Was nach geschickter Diplomatie, nach schlauer Beschwörung von Gemeinsamkeit schmeckt, ist in Wirklichkeit der einzig mögliche Ansatzpunkt in dieser Situation, die einzige Möglichkeit, die jetzt bleibt, damit alles gut werden kann. Dass nämlich Gott ins Spiel kommt, wo alles verspielt ist. Josef lässt diese Zumutung an sich herankommen. „Aber Josef weinte, als sie solches zu ihm sagten", lesen wir in der Bibel. Nicht er ist derjenige, der Vergebung zu gewähren hätte, sondern Gott wird beim Wort genommen, der von sich sagt: „Siehe, ich mache alles neu!" Gott hat die Kraft, das Böse in Gutes umzuwandeln. Dass alles gut wird am Ende, das gilt unter der Voraussetzung der Vergebung, die Gott gewährt. *„Siehe, ich mache alles neu"*, das ist das Ziel, um dessentwillen die Bibel gelesen werden muss. Denn Gott ist es, der am Ende einen neuen Himmel und eine neue Erde schafft und darum neue Menschen, neue Familien, neue Verhältnisse, eine neue Politik. So wird am Ende alles gut.

Dezember

Freue dich und sei fröhlich,
du Tochter Zion!
Denn siehe,
ich komme und will bei dir wohnen,
spricht der HERR.
Sacharja 2,14

Hirtenrunde

Weihnachten – in einer Hirtenrunde: Hirten in der Heiligen Nacht sitzen auf dem Feld mit ihren Geschichten. Der eine hat alles verloren, seine einzige Hoffnung, ist sich durch den mühsamen und ungeliebten Hirtenjob über Wasser zu halten, aber das Leben als Hirte ist hart – Wind und Wetter sind sie ausgesetzt, der Kälte der Nacht

Der zweite hat sich von seiner Frau getrennt – er sucht eine neue Gemeinschaft – Hirten halten irgendwie zusammen, aber ihm fehlt das Geordnete, die Wärme eines heimatlichen Hauses, die Liebe, die du dir nicht jeden Tag erarbeiten musst, weil sie einfach da ist.

Der dritte ist von der harten Arbeit schwach und gebrechlich geworden. Er hat kaum noch eine Lebensperspektive, kaum noch Hoffnungen. Sein Leben droht dahin zu gehen ohne den ersehnten Wohlstand, ohne das ersehnte Zuhause. Der Kontakt zu den eigenen Kindern ist abgebrochen, ob der vielen Arbeit konnte er sich nicht recht kümmern. Die Kinder gehen eigene Wege. So sitzt er allein auf dem Felde abseits ein wenig von den anderen.

Der vierte ist jung. Der Hirtenjob für ihn nur ein notwendiges Übel. Er will am liebsten weg vom Feld. Er träumt vom Sesshaftwerden. Einmal will er was sein und nicht nur angeschaut werden wie ein Aussätziger, wie einer, den man nicht mit Namen anspricht. Wie einer, auf den man nicht nur herabschaut und dem die Blicke der anderen die Würde nehmen. Er träumt von Ruhm und Ehre, von Würde.

Hirten sind nichts Besonderes – Hirten haben Geschichten wie du und ich – sie leben nicht immer auf der Sonnenseite des Lebens, sie kennen die ganz alltäglichen Sorgen und Nöte einfacher Menschen, die Sehnsüchte und die eigenen Schwächen.

Den Hirten aber geschieht in dieser Nacht Sonderbares. In der dunklen Nacht wurde ihnen der Himmel hell. Ein Lichterglanz und Staunen.

Den Hirten öffnet sich der Himmel und sie hören das Wort. Gegen das Staunen und die Furcht – Ermutigung zum Aufbruch: Fürchtet euch nicht – euch ist der Heiland geboren. Ihr werdet es finden in dieser Nacht – das Kind, dass eure Hoffnungen und Sehnsüchte erfüllt. Das Kind – das von der Liebe Gottes erzählt.

Ihr werdet es finden – nicht als ein Königskind, nicht als ein Kind auf Rosen gebettet und nicht als ein Kind der Reichen. Nein, ein ungewöhnlich gewöhnliches Kind. Ein Kind in einer Krippe – arm, von Eltern, die euer Leid kennen. Geht diesem Kind nach – es wird euer Leben verändern. Weihnachten im Angesicht der Krippe – das ist dein Weihnachten.

Weihnachten – der Himmel öffnet sich, damit Liebe und Licht auf alle Menschen fällt. Du bist gemeint: Der du wie die Hirten hektisch zur Krippe eilst.

Die du auf leisen Sohlen aus der heimatlichen Stube kommst, um die Antwort auf deine Frage zu hören, Du bist gemeint in deiner Einsamkeit und Sehnsucht.

Wer einmal ein Neugeborenes in Händen hielt oder es nur betrachtet hat, der weiß, wie ein Kind verändert. Wie sehr mag es wohl die Hirten erfüllt haben mit Freude. Ein Kind der ihren – ein Kind der Armen, von dem so Großes gesagt war. Es ist ein Kind für die Hirten, ein Hirtenjunge.

Die Hirten werden verändert in dieser Nacht. Sie werden durch die Engel und durch das Kind ins Licht gesetzt: Sie hören von Liebe und vom Licht.

Christus: Der Retter deines Lebens – dein Leben ist gut, es ist groß und von unendlicher Bedeutung – du magst daran zweifeln, andere mögen es nicht erkennen, aber Gott sendet seinen Sohn genau darum, damit er dir sagt wie dem Blinden Bartimäus: Gottes Liebe gilt dir. Damit er dir sagt wie dem nächtlich fragenden Nikodemus: In Gottes Liebe bist du neu geboren und wirst immer wieder neu anfangen dürfen zu leben und zu lieben. Damit er dir sagt wie dem Zöllner Zachäus: Du bist geliebt, trotz deiner Betrügereien, trotz deines Außenseiterseins – ich kehre gerade auch in dein Haus ein, wenn du die Einsamkeit nicht mehr erträgst.

***

Zur weihnachtlichen Freude gehören die Krippenbilder. Die Bilder von Harmonie und Romantik. Die Bilder von Liebe und Frieden. Vielleicht sind sie es nur Idealbilder, vielleicht sind es Utopien. Aber es ist wahr – sie zeigen Gottes Bild, Gottes Traum von seiner Welt: Weihnachten, die Welt ist im Zustand der Gnade und hört Gottes Versprechen:

Gott legt seine Ehre in den Frieden auf Erden, auf dass wir Wohlgefallen aneinander haben. In Armut wird er geboren, der die Gotteskindschaft von uns allen ausruft. Engel müssen es ausposaunen. Hirten, schlichte Menschen, beten es als erste an. Ein Stern geht auf, auch dir. Auch dir. Auch du bist ein Christkind, Sohn oder Tochter Gottes.

Die Hirten brechen auf. Sie sind die ersten Boten der Freude. Sie verkündigen die Botschaft allem Volk. So brechen auch wir auf. Lassen die Häuser leuchten. Grüßen einander freundlich, lassen uns grüßen und strahlen etwas von unserer Herzenswärme ab, denn Gott ist Mensch

138

geworden für dich. Darum sollten wir uns in den nächsten Tagen mit besonderer Achtung begegnen. Denn es ist das Fest der Freude und Fröhlichkeit. Ein Kind ist uns geboren – welch große Freude.

Loblied auf Josef

Selbst in dem schönen Buch „Die besten Nebenrollen. 50 Porträts biblischer Randfiguren" sucht man ihn vergeblich. Die einzige Figur aus der Weihnachtsgeschichte, der dort ein eigenes Kapitel gewidmet ist, ist tatsächlich der Ochse. Das freut mich für den Ochsen, denn auch er wird sonst immer nur als Teil eines berühmten Paares wahrgenommen, aber es tut mir leid für ihn: Josef. Auch er ist Teil eines berühmten Paares, wobei die Berühmtheit eindeutig zugunsten der Frau an seiner Seite ausfällt: Maria.

Ich will diesen Josef darum einmal aus seiner Vergessenheit herausholen. Und lesen und hören, was Matthäus schreibt: „Die Geburt Jesu Christi geschah aber so: Als Maria, seine Mutter, dem Josef vertraut war, fand es sich, ehe sie zusammen kamen, dass sie schwanger war von dem Heiligen Geist. Josef aber, ihr Mann, der fromm und gerecht war und sie nicht in Schande bringen wollte, gedachte, sie heimlich zu verlassen." Nun auch hier wird Maria als erste genannt, sie und die missliche Lage, in der sie sich befindet, noch ehe die Geschichte die Wendung nimmt, die sie aus ihrer Not befreit. Von Josef wird gesagt, dass er fromm und gerecht ist, was ihn auf einen Namenszug mit Männern wie Noah und Abraham in Verbindung bringt, wahren Heroen der Heilsgeschichte.

Josef also, der fromm und gerecht ist, und das ist nun wirklich nicht das Übelste, was sich über einen zukünftigen Ehemann sagen lässt, will seine Verlobte nicht in Schande bringen und gedenkt sie darum heimlich zu verlassen. Doch da geht die Geschichte weiter: „Als er noch so dachte, siehe, da erschien ihm ein Engel des Herrn im Traum und sprach: Josef, du Sohn Davids, fürchte dich nicht, Maria, deine Frau, zu dir zu nehmen, denn was sie empfangen hat, das ist von dem Heiligen Geist. Und sie wird einen Sohn gebären, dem sollst du den Namen Jesus geben, denn er wird sein Volk retten von ihren Sünden. Das ist aber alles geschehen, auf dass erfüllt würde, was der Herr durch den Propheten gesagt hat, der da spricht. Siehe, eine Jungfrau wird schwanger sein und einen Sohn gebären, und sie werden ihm den Namen Immanuel geben, das heißt übersetzt: Gott mit uns."

Halten wir fest: Es ist hier Josef, dem der Engel erscheint, und er bringt genau dieselbe Botschaft wie der Engel Gabriel bei Lukas der Maria. Einziger Unterschied: Das hier ist ein Traum. Offensichtlich erträgt nicht jeder eine Engelsbegegnung bei Tageslicht. Josef widerfährt sie im Traum. Und so wird es auch bleiben. Egal, was zu tun sein wird in dieser abenteuerlichen Geburtsgeschichte, egal, wohin die Reise geht, immer wird ein Engel dem Josef im Traum erscheinen und sagen, was als Nächstes zu tun ist.

Und Josef? Josef wird tun, was man von ihm verlangt, denn er wurde ja auch nicht als mutig und kühn eingeführt, sondern als fromm und gerecht. Nichts wird er hinterfragen, nichts in die eigene Hand nehmen, dem Engel niemals widersprechen wie seine Frau, die dem Engel ins Gesicht sagt: Wie soll das gehen mit der Schwangerschaft, da ich noch von keinem Manne weiß? Josef weiß auch vieles nicht, aber er gibt sich damit zufrieden; er muss es nicht verstehen; er ist keiner, der sich mit Engeln anlegt. In der ganzen Geschichte ist nicht ein einziges Wort überliefert, das er gesagt hätte, niemals spricht er, geschweige denn, dass er singt; kein Lobgesang des Josef, nirgends. Umso schöner, dass es dieses Wiegenlied gibt, Josef, lieber Josef, mein. Da singt er nämlich: Gerne, liebe Maria mein, helfe ich dir wiegen dein Kindelein, auch dafür bin ich mir nämlich nicht zu schade. Aber so weit sind wir noch nicht. Zunächst heißt es: „Als nun Josef vom Schlaf erwachte, tat er, wie ihm der Engel des Herrn befohlen hatte, und nahm seine Frau zu sich. Und er schlief nicht mit ihr, bis sie einen Sohn gebar; und er gab ihm den Namen Jesus."

Es gibt Menschen, die nehmen ihre Rolle einfach an. Ohne viel zu fragen. Ohne mit dem Schicksal zu hadern. Sie tun, was von ihnen verlangt wird, das Naheliegende, das Notwendige. Sie sind nicht besser oder schlechter als diejenigen, die zeitlebens mit ihren Aufgaben hadern, die kämpfen, sich wehren, oder ein Leben lang viele Rollen ausprobieren.

Nicht jeder kann in einem Stück die Hauptrolle spielen, ganz im Gegenteil. Die meisten Rollen sind Nebenrollen. Wenn aber von den besten Nebenrollen die Rede ist, dann sollte Josef nicht fehlen, wenn er denn das nächste Mal vom Schlaf erwacht.

Autor*innen

Dr. Gunnar Garleff, Pfarrer, 1975 in Kiel geboren, promovierter Neutestamentler, fasziniert von den Einsichten und Diskussionen seiner Kinder am Küchentisch

Texte in diesem Band: S. 17ff.; 25ff.; 35ff.; 41ff.; 63ff.; 103ff.; 113ff.; 135ff.

Dr. Sandra Grande, promovierte Chemikerin, 1967 in der Schweiz geboren, seit 1992 wohnhaft in Heidelberg und seit 2017 Vorsitzende der Stadtsynode der Evangelischen Kirche in Heidelberg, liebt die Natur und das Fotografieren

Texte in diesem Band: S. 49ff.; 55ff.; 61; 77f.; 97f.; 123ff.; 127ff. sowie sämtliche Fotos

Martina Steinbrecher, Pfarrerin, 1968 in Pforzheim geboren, Gewinnerin des Baden-Württembergischen Preacher Slams 2019 und Gedichteliebhaberin

Texte in diesem Band: S. 11ff.; 79ff.; 85ff.; 91ff; 99ff.; 129ff; 141ff;

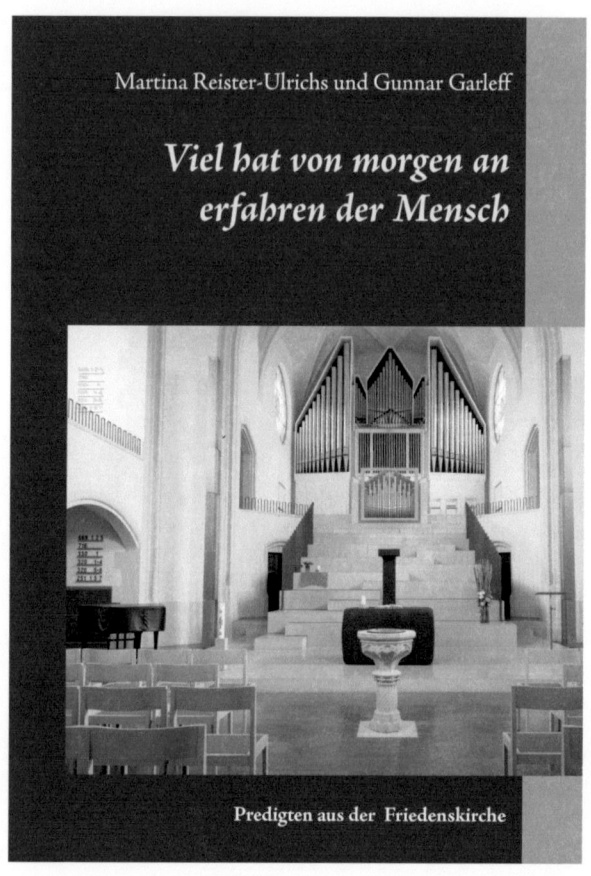

Martina Reister-Ulrichs und Gunnar Garleff

Viel hat von morgen an
erfahren der Mensch

Predigten aus der Friedenskirche

Die Predigten und Bilder aus der Friedenskirche wagen den Versuch, die Stimmungen und Fragen des Lebens mit dem biblischen Wort in Beziehung zu setzen. Leitend für die Auswahl der Texte in diesem Band ist ein Fragment aus der Friedensfeier Hölderlins, das in den Verkündigungsort eingeschrieben ist: "Und nur der Liebe Gesetz gilt von hier bis in den Himmel, viel hat von morgen an erfahren der Mensch, bald aber sind wir Gesang."

ISBN print: 9783743178519 (€ 10,00) ebook: 9783744803960 (€ 4,49)

Gunnar Garleff/Martina Reister-Ulrichs (Hrsg.)

Räume weiten

Kirchenrenovierung als liturgischer Aufbruch

Mit der Renovierung entstand 2012 in den alten Mauern der 1910 eingeweihten Heidelberger Friedenskirche das "visionärste Gotteshaus der Region" (Rhein-Neckar-Zeitung). Dieser Band dokumentiert, wie die Neugestaltung des Kirchenraumes zu einer fortschreitenden Erneuerung des Gottesdienstes führt. Kirchenrenovierung, so der Grundgedanke dieses Bandes, heißt nicht nur Erhalt, sondern auch Aktualisierung eines Gottesdienstortes auf Gegenwart und Zukunft hin.

ISBN: print 9783750405837 (15,99 €) ebook: 9783750472570 (5,99 €)

Gunnar Garleff

Ermutigung

Religiöse Reden zur Gegenwart

Die in diesem Buch versammelten religiösen Reden sind sonntägliche Gegenreden gegen die mediale Überflutung mit dem Immerschlimmerismus und dem zunehmenden Radikalismus unserer Zeit. Sie sind Ermutigungen, die Schönheit und die Freude des Lebens auch in Zeiten wie diesen nicht zu verlieren und sich immer wieder neu zu vergewissern, dass Gott diese Freude vor allem Anfang in uns hineingelegt hat.

ISBN *print: 9783752809442 (€ 10,00) ebook: 9783748114413 (€ 4,49)*